अग्निगर्भ

अग्निगर्भ

(हिन्दी की विज्ञान कथा-कविताओं का प्रथम संकलन)

हेमन्त द्विवेदी

लोकभारती प्रकाशन

लोकभारती प्रकाशन
पहली मंजिल, दरबारी बिल्डिंग, महात्मा गाँधी मार्ग
प्रयागराज-211 001

वेबसाइट : www.lokbhartiprakashan.com
ईमेल : info@lokbhartiprakashan.com
शाखाएँ : 1-बी, नेता जी सुभाष मार्ग, दरियागंज
नयी दिल्ली-110 002
अशोक राजपथ, साइन्स कॉलेज के सामने
पटना-800 006
36-ए, शेक्सपियर सरणी
कोलकाता-700 017

प्रथम लोकभारती संस्करण : 2018

जे.के. आर्ट प्रेस
प्रयागराज द्वारा मुद्रित

AGNIGARBH
by Hemant Dwivedi

ISBN : 978-93-88211-27-7

मूल्य : ₹ 400

अर्पित द्विवेदी
को

अनुक्रम

भाग-2

भाग-3

परिशिष्ट

अग्निगर्भ में प्रवेश

प्राचीन भारतीय आख्यानों में कहीं विज्ञान, कहीं विज्ञान कथा तथा कहीं विज्ञान कथा कविता के दर्शन हो जाते हैं। विज्ञान कथाएँ यहाँ पिछले सौ वर्ष से लिखी जा रही हैं। हाँ विज्ञान कथा कविता डेढ़ दशक से ज्यादे पुरानी न होगी। हम कह सकते हैं कि विज्ञान कथा कविता अभी अपनी बाल्यावस्था में ही है। इसके रूप, भाषा-शैली, कथ्य में नित नये प्रयोग हो रहे हैं। लेकिन यह कारण नहीं जिसने मुझे यह संग्रह लिखने की प्रेरणा दी।

मैंने जन्म तो उत्तर प्रदेश के दूरस्थ कोने इटावा शहर में लिया। हाँ, लेकिन जन्म के बाद प्रदेश के जिला फर्रूखाबाद के एक पिछले इलाके में आ गया, जहाँ सोलह वर्ष रहा। इस प्रकार मैं कह सकता हूँ कि जब से मैंने आँखें खोलीं, मैंने एक पिछड़े, अशिक्षित, गरीब गाँव को देखा, उसकी देशज बोली(कनौजी) को सुना-समझा, उसके सुख-दुःख राग-विराग को आत्मसात् किया और उसके टेढ़े-मेढ़े रास्तों से अपना मार्ग खोज निकाला। मेरा विश्वास है कि उसकी रूढ़ियाँ, विश्वास, तीज-त्योहार, शिक्षा, जीवन और मस्तिष्क को मुझसे बेहतर समझनेवाले लोगों की संख्या ज्यादे नहीं होगी। बढ़ती अशिक्षा, बढ़ती जनसँख्या ने जहाँ संसाधनों को सीमित किया वहीं जाति, धर्म, भाषा, क्षेत्र ने इसकी एकता को खण्डित किया।

सच है कि भारत आज भी गाँव में रहता है। गजब का है भारतीय भू-भाग का ग्रामीण अँचल। अभी आजादी मिले 65 साल हुए जब वह ब्रिटिश साम्राज्यवाद के जुएँ को उतारकर एक नये वेश में सामने खड़ा था। खुद्दारी, सहनशीलता, सन्तोषवृत्ति, आत्मनिर्भरता ने इसे स्वायत्त ग्रामीण इकाई में बदल दिया था। अँग्रेजों के डेढ़ सौ वर्षों के शासन ने इसकी स्वायत्तता को तोड़ दिया। अंग्रेजी शासन के पूर्ववर्ती शासकों के लिए कहा जाता है कि महज शासक बदलते थे, भारतीय भू-भाग के अन्दरूनी हिस्सों में सारवान परिवर्तन कभी नहीं हुआ। नये युग के ज्ञान,

मूल्य, आचरण और तौर-तरीकों ने इसे कितना बदला, उनसे टकराकर यह कितना लहू लुहान हुआ, कितना सीखा—यह जानना मेरे लिये शुरू से ही दिलचस्प रहा है। यह सब-कुछ मेरी आँखों के सामने घटित हुआ।

मुझे हमेशा ही यह एहसास रहता है कि मेरे भीतर जो भी सारवान् है, मूल्यवान् है, शक्तिशाली एवं स्थायी प्रकृति का है, वह इसी गाँव की देन है। अपनी समस्त कमजोरियों के बावजूद टूटकर भी न झुकने की संकल्प शक्ति एवं अन्तऊर्जा का अजस्र प्रवाह मुझे यहीं से मिला। इस पर कितने ही बाह्य दबाव पड़े— राजनीति, अर्थनीति, शिक्षा और विज्ञान...एवं कितने ही अन्तर्दबाव पड़े—विश्वास, जाति, हिंसा, प्रतिशोध...। मैंने इसे करीब से बदलते देखा, इसे बड़े कदम बढ़ाते देखा, इसे छोटा होते देखा।

गाँव की बहती नदी के प्रवाह से मैंने विज्ञान की धारा काटकर उसे इसी पृष्ठभूमि में एक पृथक् दिशा देने की चेष्टा की है, जो आपके समक्ष है।

इस कविता में मानव की विज्ञान से मुठभेड़ की कथा कहने का प्रयास किया है। परम्परा से प्राप्त दृष्टि अपनी अर्थवत्ता खो रही है। लोगों का उससे विश्वास उठ गया। लेकिन नयी दृष्टि भी अभी विकसित नहीं हुई है। नयी पीढ़ी युवा होकर चौराहे पर उस अञ्जान आदमी की भाँति खड़ी है, जिसे यह भी नहीं पता, किधर जाना है। बढ़ता जनसंख्या घनत्व, टुकड़ों में विभाजित होती भूमि। अशिक्षा बढ़ने के साथ ही बढ़ता ज्ञान-विज्ञान का फैलाव। सुख और सन्तुष्टि के बजाय कष्ट एवं असुरक्षा।

चक्रवाती तूफान के बीच चौराहे पर भौंचक खड़ा युवा मानस। उसके भीतर उठते भाव-प्रवाह। जैसे प्रज्वलित दृष्टि से जन्म हुआ हो उसका।

भारत के दूरस्थ गाँवों में शिक्षा की पहुँच हो चुकी है। युवाओं की बड़ी संख्या वैज्ञानिक विषयों को रुचि से पढ़ रही है। भाषा में अभी तक मुख्य धारा कविता का ही स्थान है। बढ़ते वैज्ञानिक दृष्टिकोणों के दृष्टिगत विज्ञान कथा कविता, जो अभी अपनी प्रारम्भिक अवस्था में है, को भी सामने लाये जाने की जरूरत है, जो युवा मानस को सन्तुष्ट कर सके। प्रस्तुत संग्रह इसी आवश्यकता का आविष्कार है। मैं दावा तो नहीं कर सकता किन्तु मेरा विश्वास है कि प्रस्तुत संग्रह भारत में विज्ञान कथा कविता का प्रथम संग्रह है।

यह संग्रह तीन भागों में विभाजित किया गया है। पहले भाग में छोटी विज्ञान कथा कविताएँ हैं, जो पाठक में विज्ञान कथा कविता के प्रति रुचि बढ़ा सकें। दूसरे भाग में लम्बी कविताएँ हैं जिनमें मुख्यतः Speculative कविताएँ हैं। तीसरे भाग में 50 विज्ञान कथा हाइकू (सायफायकू) हैं। इसमें तीन पंक्तियों की परम्परागत जापानी कविता हाइकू को विज्ञान कथा के परिप्रेक्ष्य में प्रस्तुत किया गया है। संग्रह

की कुछ कविताएँ मूलतः अंग्रेजी में लिखी गयी हैं। कुछ हिन्दी में लिखी गयी हैं।

मेरे लिये यह बड़े गर्व की बात है। कि मेरी बेटी पूर्वा प्रियदर्शिनी ने इस संग्रह की कुछ अंग्रेजी कविताओं का हिन्दी में अनुवाद किया तथा उन्हें एक संग्रह के रूप में अन्य कविताओं के साथ व्यवस्थित किया। यह संग्रह हिन्दी साहित्य में मील का पत्थर है, क्योंकि यह हिन्दी में विज्ञान-कथा कविता के शुभारम्भ की विधिवत् घोषणा करता है।

विज्ञान कथा कविता के बारे में दो लेख-विज्ञान कथा काव्य के जरिये वैज्ञानिक दृष्टिकोण का प्रसार—एक अभिनव पहल तथा विज्ञान कथा कविता—मैंने कुछ संशोधनों के साथ इस संग्रह के परिशिष्ट में रख दिये हैं। इन लेखों में विज्ञान कथा कविता की दशा-दिशा की वर्तमान स्थिति का आकलन किया गया है। दोनों ही लेख जिज्ञासु पाठकों को विज्ञान कथा कविता को गहराई से समझने में मदद करेंगे, ऐसा मेरा विश्वास है।

संग्रह में जो कमियाँ हैं, वे मेरी हैं, जो अच्छाइयाँ वे आपकी बेहतर सोहबत की सुबूत हैं। कृपया इसकी कमियों से मुझे अवगत करा दें, ताकि अगले संस्करण में उन्हें सुधारा जा सके।

मैं अभारी हूँ राष्ट्रीय विज्ञान एवं प्रौद्योगिक परिषद् के वैज्ञानिक निदेशक मित्र डॉ. मनोज पटैरिया का, नवजात-शिशु -चिकित्सा में माहिर सिद्धहस्त विज्ञान कथा लेखक मित्र डॉ. अरविन्द दुबे का, मत्स्य विज्ञानी एवं विज्ञान कथा के गम्भीर अध्येता एवं लेखक डॉ. अरविन्द दुबे का, गौहर रजा, देवेन्द्र मेवाड़ी, पत्नी उपमा द्विवेदी, बेटी पूर्वा प्रियदर्शिनी एवं बेटे अर्पित का जिन्होंने लेखन से प्रकाशन तक अनवरत मुझे सहयोग दिया, मेरा हौसला बढ़ाया तथा यह विश्वास दिलाया कि मैं यह गुरुतर कार्य सम्पन्न कर सकूँगा।

इन कविताओं से दश में विज्ञान के प्रति बढ़ती रुचि में कुछ और वृद्धि हो, युवाओं को नये परिवेश में नये काव्य का रसास्वादन हो सके, समाज के समक्ष सुलझाने के लिए कुछ नये प्रश्न हों, ऐसी मेरी कामना है। आपकी प्रतिक्रियाओं की मैं प्रतीक्षा करूंगा।

—हेमन्त द्विवेदी

भाग-1

अस्तित्व

आकाश गंगा के कोने में तीव्र प्रकाश
और फिर एक विस्फोट
टिमटिमाती मणियाँ बिखर गयीं
सूरज का जन्म हुआ-

कुछ समय और बीता
फिर एक मुठभेड़ हुई
आकाश के अंधेरे में
पृथ्वी का जन्म हुआ-

लोग कहते हैं कि पृथ्वी से
किसी दानवाकृति की
तीखी तकरार में
चन्द्रमा का जन्म हुआ-

विस्फोट, मुठभेड़, तकरार
प्रकाश, अँधेरा, टिमटिम
के साथ-साथ अदृश्य
आकर्षण भी गति करता रहा-

क्या आकर्षण देता है अर्थ
विध्वंस और निर्माण को
क्या प्यार देता है अर्थ
जीवन को, मृत्यु को-

-2009

वन-वन-एट

वन-वन-एट ट्रेन नहीं
पाँच मिनट की क्रान्ति है
जो आने के पहले
सब-कुछ बदल देने का
आश्वासन देती है!

मेरे बच्चों ने बताया-
ये भाप की ताकत से
चलती है,
मैं समझ नहीं पाया!

जब कभी मैं इसे देखता हूँ
मुझे लार्ड क्लाइव की
बुलन्दी का एहसास होता है!

बच्चे कहते हैं
इसके वायलर में
पानी से भाप बनती है
कोयला झोंकता खलासी भी दिखाता है,
मगर मेरा मन नहीं मानता!

मुझे लगता है, ट्रेन के भीतर
सिगार पीता लार्ड क्लाइव बैठा है
और इसके रुकते ही क्लाइव के हुजूर में

पेश हो जायेंगी कई जोड़ा आँखें
लगाम चबाते ताँगे के घोड़े
डाक रनर्स के थैले
छात्र, सिपाही, भद्रजन!

बच्चे कहते हैं कि थ्रोटिल बाल्व से
भाप गुजारकर ये सीटी देती है
ताकि सामनेवाला सुरक्षित हो जाये
मुझे ऐसा नहीं लगता
मगर कहाँ तक विरोध करूं!

पता नहीं क्यों मुझे लगता है-
कि अभी कुछ दूरी पर
फिर एक नौजवान जोड़ा
अपना जीवन इसे सौंप देगा!

मैंने कितनी बार अपने सपनों में
इसकी रफ्तार से
विदेशी उत्कृष्टता से
मुकाबला किया
मगर हार गया
ये बच्चे क्यों नहीं हारते?

काले गड्ढे (ब्लैक होल)

भोर जब भी अजान होती है
हर बार
मैं चौंक जाता हूँ-

कभी इन्हीं लमहों में
माँगी थी दुआ मैंने
और तब-
फलक के सितारों ने
मुस्कराया था-

वे सितारे अब
काले गढ्ढों में बदल गये
और मैं चल दिया
बिना ये समझे
कि ये काले गड्ढे अमर नहीं-

किसी दिन ब्रह्माण्ड के संकेत पर
विनष्ट होकर ये ब्लैक होल नया जन्म लेंगे
सितारे बनकर मुस्करायेंगे
मगर तब तक मैं
काफी दूर निकल जाऊँगा-

भोर जब भी अजान होती है
सितारे मुस्कराने लगते हैं
और मैं समझता हूँ-
तुम्हारे एहसास ने बड़ी दूर से
मुझको सलाम भेजा है- —1988

आँगन में ओजोन

मेरे आँगन में जो पौधा
रोपा था तुमने
निरे बचपन में
आज हवा की सिहरन के साथ
अपनी विशाल भुजाएँ फैलाकर
दे रहा सुख के संकेत
दिशाओं को!

मगर मैंने
अपने आँगन के सभी द्वार
कस के बन्द कर लिये
क्योंकि धरती की पीठ को
नंगा करते लोग
कुल्हाड़ी लिये

हवा में चारों ओर घूम रहे हैं
और वायुमंडल के ओजोन-छिद्रों से
अपना काला अंतरिक्ष भविष्य
साफ दिखायी देता है
मुझे...।

—1997

इन्द्रधनुष

(1)

एक इन्द्रधनुष तुम देखते हो बच्चों
सतरंगी माया से निर्मित
तुम कहते हो कि ये साधारण बात है
जब बादलों में पानी की
नन्हीं बूंदों से निकलकर
प्रकाश सात रंगों में फैलता है
तब ये बनता है!

(2)

एक इन्द्रधनुष मैं देखता हूँ
जब घटाएँ उदारता से
पृथ्वी को जल-दान करती हैं
तब दिखता है वह,
सच कहता हूँ सावन में
उसे देखकर मेरा मन
मयूर-सा नाच उठता है!

(3)

एक इन्द्रधनुष आम जन देखते हैं
देखते ही पागल हो जाते हैं
उसकी मोहकता से
जानते हैं कि वह सयाना है
कुछ पलों बाद गुम हो जायेगा
पाँच साल के लिए
तब पानी पीकर उसे कोसेंगे!

(4)

एक आजादी के पहले दिखता था
खून, डकैती, बम विस्फोट करके भी
पाप नहीं लगा जिन्हें-
भयभीत नहीं हुए वे
सरकार के दमन, कत्ल, फाँसी से-
फाँसी का फंदा नहीं दिखा उन्हें
अपने गले में इन्द्रधनुष दिखा!

(5)

एक इन्द्रधनुष जीवन-भर दिखता है
जब उसे देखते हुए कोई
सावन में अपनी आँखें खो देता है-
फिर चाहे गर्मी हो, सर्दी या बरसात
वह हर समय दिखता है
चारों ओर दिखता है
फिर भी उसकी प्यास नहीं बुझती!

(6)

एक इन्द्रधनुष साहब को दिखता है
वे नजर घुमा दें
तो सतरंगी लड़ी फूट पड़ती है-
वे कहते हैं क्या करूँ
मैं जब पैदा हुआ था
तो अकेला नहीं था
वह साथ ही आया था!

(7)

एक इन्द्रधनुष चश्में में दिखता है
यदि चश्मा आँखों पर नहीं है
ये आपको नहीं दिखेगा
चश्मा लगाकर देखें तो
जेठ की हरहराती दोपहर में भी
बेशक जल के बिना ही
ये दिखता है!

(8)

न्यूटन ने बताया था
कि सात रंग हैं इसमें-
मैं ज्यादे पढ़ा लिखा नहीं
समझ नहीं पाता कि अपने लिये
इनमें से कौन-सा
इन्द्रधनुष उठा लूं!
अब आप ही बताइये ना!

—2009

देश की भाषा

मैं देखता हूँ-
रात भर चमकने वाले बाजार
सरेशाम गुल हो जाते अब-
गलियों में अपाहिज बच्चे
आज भी शोर मचाते हैं-
और अनजाने ही युवतियों पर
फैशन की फस्ल फिर से उगने लगी-

जाने कैसे खण्डर कालेजों में
छात्रों का रूटीन लौट आया-
जाने कैसे प्रेम की बातें
फिर सुनायी देने लगीं
जबकि शहर की तबाही के बरअक्स
भिखारियों को दूब की तरह
उगाना जरूरी था हर जगह-

शहर में कमी है-
जिन्स, रोजगार, ऊर्जा की
अस्पतालों में कमी है-
दवा, डॉक्टर, बिस्तरों की
रेलवे स्टशनों पर कमी है-
ट्रेन, यात्री, कुलियों की
कमी, कमी, कमी, कुछ भी इफरात नहीं-

कलाकार, अध्यापक, ईमानदार, ग्रामीण
पहले की तरह चुप हैं
पर गुंडे, रहनुमा, पत्रकार, उद्योगपति
फिल्मकार, शहरी भी आज चुप हैं-
उन्हें अभी तक नहीं पता
ये शहर कितना मर गया-
पलक झपकते खरबों की सम्पत्ति
राख में बदल गयी
लाखों की तादाद में तकरीबन आधे लोग
लाश में बदल गये-
बचे आधे खा रहे हैं
पुलिस की लाठियाँ
अपने पिघल चुके पैंदों पर
अस्पताल में हर दिन-

नौजवान जिस्म में
बच्चे बनाने की ताकत चुक गयी
जिस दिन कोई बच्चा
आता है शहर में
अखबारों में छपते हैं
उसके माँ-बाप के फोटो-

सब मरने के कगार पर हैं
फिर भी दूसरे का हाल पूछते हैं
इस तसल्ली के लिए
कि ये कितने दिन चलेगा-
डॉक्टर चिल्लाते हैं उनसे-
तुम रुको, उसे देखने दो,
वह आज भर का मेहमान है-

पहले जो फाड़ खाने पर आमादा थे
आज दूसरे की भाषा समझना चाहते हैं-
पूछते हैं कि धमाके के पहले
तू कहाँ था

क्या करता था
कहाँ रहता है
आज कहाँ है
क्या करता है
कहाँ रहता है
कितनी तकलीफ है-

भाई, कमाल हो गया
इतनी बड़ी तबाही के बाद
कुछ तो हाथ लगा तेरे
ओ मेरे अकिंचन देश!
आखिरकार तेरी बीमार औलाद
तेरी मिट्टी की भाषा समझने लगी-

पिछले दो दशकों से देश
कम कीमत का युद्ध लड़ रहा था-
मुझे नहीं मालूम कि विज्ञान में
इतनी ताकत है कि महापुरुष
जो हजार सालों से न कर सके
वो काम महज हाइड्रोजन के
दो बमों ने कर डाला-

(2)

मैं चौंकता हूँ-
अरे! दस साल बाद का दृश्य
किस अदृश्य की प्रेरणा से
मैंने देखा-
किस अश्वस्थामा ने मुझे
भावी का पूर्वाभास कराया-
मैं देख सकता हूँ-
पाँच हजार साल पहले का कुरु-क्षेत्र
जहाँ अट्ठारह दिनों का महासंग्राम

मेरी आँखों के सामने
जैसे आज ही
खत्म हुआ हो-
नीम अंधेरा, साँवली हवाएँ
एक जैसी मुर्दनी, घरों में दुबके लोग
नजर की सीमा तक, उल्टे हुए रथ, टूटी हुई पताकाएँ
गलित अंग वैश्या-सा सहमा आम जन
सन्नाटे को चीरती वन्य-पशुओं की हुंकार
और करीब आते अश्वस्थामा के
दुर्गन्धित पग-चिन्ह!

—2005

आकर्षण

मुझे लगता है ब्रह्माण्ड की
एक ही बुनियाद है-
आकर्षण, प्यार, अपनी ओर खींचना-
इसी आकर्षण से गति
और गति से पावर जन्म लेती है

पावर अपना रूप बदलती है-
चलाने में, रुकने में
तरंगों में, पदार्थ के रूप में
जीवन में, मृत्यु में
दोनों के बाहर अंतरिक्ष में

यदि यह आकर्षण न होता
तो हम जमीन पर चलने योग्य नहीं थे
हम परजीवी की भाँति
किसी पेड़ से कसकर लिपटे होते
या गुफा की छत से हवा में लटके होते।

तब हमारे पलंग के पाये
सीलिंग फैन की तरह
छत से लगे होते
और पंखे
फर्श पर लगाये जाते-

यदि आकर्षण न होता
तो गति के अभाव में
यह विश्व पावर के बिना

चिरन्तन मृत पड़ा रहता
अंधेरे में।

यदि आकर्षण न होता
तो न बादल बरसते
और न तड़ित विद्युत को देखकर
हम आवेश की
परिकल्पना करते।

यदि आकर्षण न होता
तो न चीजें परस्पर विलीन होकर
नयी चीजें बनाती,
न ही जीव द्रव्य बनता
न ही जीव की उत्पत्ति होती।

यदि आकर्षण न होता तो
ब्रह्माण्ड में कोई निर्माण
और कोई विध्वंस न होता
और तब कोई जीवन न होता।

आकर्षण के सर्वव्यापी प्रभाव से
कोई भी नहीं बचा,
मिट्टी, पत्थर, पानी, गैस
पेड़, पशु, पक्षी, देव, दानव हो
या चाहे देवता या मानव हो।

अस्तित्व के लिए जरूरी है
विध्वंस और निर्माण
जो आकर्षण के अभाव में
कतई मुमकिन नहीं

गति के कारण यहाँ
कुछ भी नियत नहीं
सिवा इस आकर्षक लयबद्धता के-
तब मैं कैसे कह दूं
कि हम सबने अंधेरे में जन्म लिया है।

मृग मरीचिका

सीता ने आग्रह किया
और लक्ष्मण को पीछे छोड़कर
स्वर्णिम मृग के पीछे राम भागे-
क्या मात्र मृग-चर्म सीता को देने हेतु
या मृग मरीचिका को जन्म देने?

दोपहर में कार से जब
मैं अपने घर जाता हूँ,
कई जगह ऐसा लगता है
कि जैसे सड़क
बारिश से भीगी हो।

लोग कहते हैं
कि रेगिस्तान की गर्मी में भी
ऐसा ही पानी दिखता है
और उसकी तलाश में प्यासा आदमी
चलते-चलते थकान से मर जाता है!

बच्चे मुझे समझाते हैं
कि गर्मी में हवा की विभिन्न पर्तों से
प्रकाश का पूर्ण आँतरिक परावर्तन
मृग मरीचिका को
जन्म देता है।

कभी-कभी मैं सोचता हूँ
क्या वाकई राम के चरण

किसी मृग के पीछे पड़े थे
या वह किसी मृग मरीचिका का
पीछा कर रहे थे।

आप ही बताइये न!
स्वर्ण मृग तो नहीं होता
जिसके पीछे भागा जाये
तो फिर राम क्यों
मारीच के पीछे गये?

इसी नक्शे पर

और मैं फिर
कम्पास की डिबिया और गुनिया लेकर
बैठ गया नक्शे पर!

यह दुनिया का नक्शा है
मैं गौर से देखता हूँ-

क्या तुमने उसे देखा कभी
मुझसे लेकर देखो
कितना शानदार दिखती है
घूमती हुई अण्डाकार पृथ्वी-
वे कहते हैं सूरज के चारों ओर घूमती है
मुझे लगता है
हम सबने अपने चारों ओर
घुमा दिया है इसको-

तभी तो इसमें इतनी गतियाँ हैं
जो कि स्वाभाविक ही
एक दूसरे के खिलाफ हैं
और लगातार इसके घूमने पर
वे आपस में टकराकर
चीखती हैं डरावनी आवाज में-

इसी नक्शे पर...
ये रहा हिन्दुस्तान

जिसके चन्द्रयान ने
चाँद पर पानी की खबर दी
मगर जहाँ आज भी
प्रेतों की पूजा होती है!
ये रहा मेरा गाँव.... रोशनाबाद
जहाँ नीम-अंधेरे इश्क में
पकड़े जाने पर
नौजवानों के मुंह से
घबराए हुए निकलते लफ़्ज
जो सुबह होते ही
"राम-राम" में बदल जाते हैं-

आज सेलफोन टावर, टीवी एण्टीना
सड़क और मोटर बाइक से
रोशनाबाद
भरा पड़ा है।

जी हाँ, साथियों
यहाँ गाँधी भी है
और एवरेस्ट से एक इंच ऊंचे
सरकारी नौकर भी-
भौतिक शास्त्र के नोबेल विजेता
चन्द्रशेखर वेंकटरमण भी!

कभी-कभी नक्शे से उठती
ये चीखें सुनकर मैं डर जाता हूँ
और फिर कम्पास की डिबिया
गुनिया समेत अलमारी में
बन्द कर देता हूं!

जलते सपने

उनके सपनों से
अंध विश्वास-
कब का निकल गया!

संतोष को ईश्वर समझना
कब से
छोड़ दिया!

कभी बादल ताकती आँखें
आज ट्यूबवेल के
बटन पर आ टिकी!

बैलगाड़ी का सपना
सड़क आने के बाद
जल गया!

किसी शैतान की गिरफ्त में
कैद आत्मा
आजाद तो हुई मगर कितनी

सारे जंगल कैसे किसी
महल के सीखचों में

बदल गये!
अकेले बहती गंगा कैसे
खुदाई मशीनों ने
नालों से जोड़ दी!

राख हुए पुराने सपने
मगर नये सपने देखकर भी
आदमी पहले-सा मुस्कराता नहीं!

सारा आकाश

पुराणों ने बताया
चौरासी लाख योनियों में
एक योनि मानव है-

मुझे नहीं मालूम
कि डार्विन ने पृथ्वी पर
कितने प्राणियों की गणना की-

फिर भी लाख से कम तो
हरगिज नहीं होंगे

कभी हम बीस करोड़ थे
जिसमें आज
एक अरब और जुड़ गये

देश के सारे जंगल
इतने लोगों के खिलाने में
कृषि भूमि हो गये

जन्म कम करने के
साधनों के बावजूद
सदी के अन्त में हम दो अरब होंगे

तब देश में
औसत आदमी के पास
अपनी कब्र भर को जगह होगी।

फिर हम दूसरे मुल्कों में
और चाँद और मंगल
पर रहेंगे

तब चाँद पर होगी जाति प्रथा मुल्कों
की बस्तियाँ, शोषण, प्रजातन्त्र, अराजकता।

अमीर लोग
कई ग्रहों पर होंगे
वैसे ही जैसे आज कई दशों में हैं

तब आदमी और
उसके सपनों को समझना
क्या सरल होगा!

आदमकद

एक कम्प्यूटर आपरेटर
मेरा दोस्त है

वो कहता है कि उसके कम्प्यूटर की
हर फाइल के पीछे उसे एक
बेचैन आदमी दिखता है
और वह सिर थाम लेता है
कि आज किसके ऊपर
बास की कैंची चलने वाली है-

उसने देखा कि जब कभी
भारत का नक्शा
स्क्रीन पर उभरता है
तो उससे उठती चीखें सुनकर
वह अक्सर डर जाता है
और विण्डो बंद कर देता है-

जब कभी स्क्रीन पर
तेज चलती कार दिखती है
उसे लगता है कि हो-न-हो
ये कार विस्फोटक से लदी है
और दस मिनट में ही

कहीं-न-कहीं धमाका करेगी
फिर शुरू होगा चीख, पुकार का
एक लम्बा सिलसिला-
उसे लगता है
कि सारी सावधानी के बावजूद
गणतंत्र दिवस की परेड में
आम लोगों के बीच
कुछ फिदायीन जरूर हैं
और कुछ ही पलों में
मैदान पर कत्लेआम दिखायी देगा-

वह जानता है कि स्क्रीन पर
आत्मविश्वास से लबरेज
जो लड़की मुस्करा रही है-
शाम के बाद सड़क पर
मुस्कराना तो दूर, अकेले चलनें की
उसकी मजाल नहीं है-

उसने बड़ी-बड़ी कान्फ्रेंसे देखीं
मगर हर बार की तरह
उसे मालूम है कि यह हमला भी
आम आदमी पर ही होगा
पर कितनी बार विंडो बन्द की जाये

वह कहता है मुझसे-
तुम कहते हो कि यदि एहसास न होता
तो शायद हम इन्सान न होकर
कोई तस्वीर, मूर्ति
या आदमकद प्रतिमा होते-

मगर ये कैसा एहसास है
कि तस्वीर, मूर्ति या आदमकद

प्रतिमा जैसे ही तो हैं हम
फर्क सिर्फ इतना है
कि आदमकद तस्वीर को सिरदर्द है-

वह कहता है कि इसमें
मशीन का कोई दोष नहीं
दोष तो उस आदमखोर
प्रवृत्ति का है जो कि
घटनाओं को जन्म देकर
मूर्तियों में उदासी भर जाती है

बर्बरता विज्ञान की नहीं
मानव की विशेषता है-

भयभीत

आम आदमी साफ सुथरा होकर
नये नियमों से घिरा
तेजी से आगे निकल गया
सबसे आगे
और आगे-

उसने सीख लिया
कि कैसे कम समय में
ज्यादे कमाया जाता है
कि कैसे दिमाग से
प्यार किया जाता है
कि कैसे पिछड़ों पर
हुकूमत की जाती है
कि कैसे खिलाफत में
आक्रामक हुआ जाता है-

वह उस मिट्टी को भूल गया
जिसने उसे जन्म दिया
वह उस जमीन को नहीं जानता
जिसने उसका पेट भरा
वह उस लक्ष्य को जानता है
जिसके आगे उसे जाना है

वह अब मानव नहीं रहा
अमरता की ओर चल पड़ा-
उसे आक्रामक होने का वरदान मिला
उसे अमर होने का वरदान मिला
कोई नहीं मार सकता उसे
आदमी या देवता, अस्त्र या शस्त्र
दिन हो या रात हो
घर हो या बाहर हो
उसे मालूम है कि वह दुर्जेय तो है
किन्तु अजातशत्रु नहीं-

इसीलिए वह संध्या के समय
विचलित हो जाता है रोज
जब-जब घर के बाहर निकलने को होता है
उसे लगता है कि नृसिंह रूप में
कोई उसकी प्रतीक्षा कर रहा है-

अंधेरे के अभ्यस्त

मौके के हिसाब से
अपना रूप बदलने में माहिर
हम लोग अपने जीवन में
प्रकाश किरण जैसा व्यवहार
नहीं कर सकते क्या?

बस थोड़ा-सा ही तो फर्क है
प्रकाश के एक ही समय पर
दोनों चरित्र दिखते हैं,
हम अलग-अलग समय में
व्यक्तित्व के दो रूप प्रदर्शित करते हैं।

प्रकाश एक ओर
तालाब में फैंके गये पत्थर से उठती
तरंगों जैसा प्रसारित होता है
तो दूसरी ओर वह ऊर्जा के नन्हें पैकेट
फोटॉस फेंकता है।

किसी मौके पर हम
कर्मठ, उदार, आकर्षण सैद्धाँतिक दिखते हैं,
मगर अगले ही क्षण कुरूप, कर्कश
कर्महीन हो जाते हैं,
जानना मुश्किल है कि हम कहाँ हैं?

ठीक ऐसे ही राष्ट्रीयता है हमारी
युद्ध के समय देशभक्त

शाँति के समय युद्धरत
तभी तो कभी-कभी लगता है कि क्या
जन-गण-मण फिर लिखने की जरूरत आन पड़ी?
हम कब एक देश होंगे?
किसी दूसरे ब्रिटेन के गुलाम होने पर,
परमाणु हमले के बाद,
युद्धरत होने पर
या जनगण द्वारा शस्त्र उठाये जाने पर?

गर्भवती मादा सूअर की भाँति
हम बिना इस एहसास के जिये
कि संविधान की भावना ने अब तक
'भारत के लोगों' को नहीं छुआ,
और हमें इसका कोई मलाल नहीं।

हम जिस मकान की
बुनियाद पर खड़े हैं,
वह बुनियाद नहीं,
सोये हुए विशालकाय कछुए की पीठ है
जो अब कुलमुला रहा है।

सभी उसे सुलाने में लगे हैं
नारे, योजनाएँ, ग्लैमर, क्रिकेट
जाति, मजहब, अशिक्षा, जनसंख्या
बड़े नाम, छोटी बातें-
मगर वो है कि मानता नहीं।

क्या ये वही भारत है
जहाँ कुछ दशक पहले तक
किसी फकीर, पशु या पक्षी को
खिलाये बगैर खुद खाने को
लोग अपराध समझते थे!
युग ने जीवन मूल्य बदले
खाने के लिए कर्म को आधार बनाया

किन्तु व्यक्तित्व के दो भाग क्यों हुए?
नैतिकता की श्रद्धाँजलि कैसे हुई?
यह मैली चादर क्यों ओढ़ ली हमने?

कैसे इतने कमजोर हुए हम
कि प्रकाश का साथ छोड़ दिया?
नयी पीढ़ी को देने के लिए
अब यही अवशेष रहा
कि हम अंधेरे के अभ्यस्त हो गये।

अंधेरे में रहना ही था
तो क्यों नहीं ब्रह्माण्ड में
धरती को छोड़कर कहीं अन्यत्र हुए,
क्यों धरती पर मानव होने के लिये
न्यूनतम मापदण्ड पूरा नहीं करते हम?

हाई प्रोफाईल

विश्व एक गाँव बन गया।
विश्वास न हो तो मेरे गाँव में
आकर खुद देख लें
कि महज एक एयरटेल के टावर ने
इण्टरनेट आन कर दिया!

जी हाँ, गाँव के गरीब लोग
उस जादू को हैरत से देखते हैं
फिर आह भरकर चले जाते हैं
समझ ही नहीं पाते।

सड़क, रेल, बाईक, ट्राँजिस्टर तक ठीक था,
"रामायण" सीरियल के कारण
टेलीविजन भी मंजूर कर लिया
मगर फोन का चोंगा कान से लगाकर
आज तक हकलाते हैं!

जाने अनजाने ट्रैक्टर ने आकर
उनके हल, बैल, कुदालों को
जब्त कर लिया,
मगर काम से बाहर होते ही
सरकार ने काम दे दिया।
रायफल, बंदूक, गोला, बारूद
चोरी, डकैती, कत्ल, थाना पुलिस को
सदियों से पहचानता आदमी

अब अपने गाँव को ही
भूल गया।

पशुओं के चरागाह
जबसे खेतों में बदल गये
पशु तो कम हो गये
लेकिन चरवाहों के हाथ
सेलफोन लग गये।

नौजवान शहर में
रोजगार को भाग लिये
औरतें चूल्हे, चौके में लग गयीं
बच्चे स्वच्छंद
मगर बूढ़े, अर्थहीन हो गये!

गाँव का अकेला भड़भूंजा
जब से दिल्ली निकल गया
भुने हुए मटर, चने, मक्के का
स्वाद तक भूल गये लोग,
पैकेटबंद नमकीन खाने लगे।

नाई, लोहार, बढ़ई, पण्डित
सभी ने शहर की राह पकड़ ली
गाँव में मशक्कत करने की
जो शर्म है
शहर में वह भी नहीं।

व्यवसायी, बड़े काश्तकार
थोड़े मजदूर ही शेष बचे
जरूर यह टावर
आम आदमी से
कुछ ज्यादे ही ऊंचा निकल गया।

ताकतबर

बाहुबल से शुरू किया हमने
संसार को विजित करने का सपना
और इसे
गोत्रबल, अश्वबल से बढ़कर
दुनियाँ को रौंद डाला।

फिर मन्त्रबल को पकड़ा
जिसके सम्मुख बाहुबल
तिनके-सा हल्का साबित हुआ
इन्द्र के प्रकोप के बावजूद
नहुष पृथ्वी पर न आ सके।

जबसे ज्ञानबल अपनाया
तर्क ज्योतिष, साहित्य, आयुर्वेद,
गणित, सर्जरी, रसायन को ऊंचाइयाँ दीं-
अंतरिक्ष को मथकर
सितारों की गति को माप लिया।
युग आया जब
बलहीन हो गये
मगर ज्ञान, कर्म, भक्ति का
रसायन पीकर सदियों तक
हर हमले को झेलते रहे।
जबसे अंतर्यात्रा शुरू की

मानस में वैराग्य छा गया
ज्ञान में बढ़ोत्तरी हुई
दुनिया से सम्पर्क कम हुआ
उच्च नैतिक बल फिर भी बना रहा।

पुराना अब कुछ भी याद नहीं
पढ़ने का साहस नहीं
समय भी नहीं
अवसर भी नहीं
ककहरा फिर शुरू हुआ।

विज्ञान के बलों से ऊर्जा लेकर
कुछ लोग आगे बढ़े
मगर ज्यादेतर लोग
विकास के विभिन्न चरणों में
पीछे ही हट गये।

जिस्म का गठन अब
असन्तुलित हो गया
विश्व में कोई पुकार हम
सबके बाद सुनते हैं
अब।

कि समूह बल के दबाव में
चरचराती हैं व्यवस्था के
पेड़ की टहनियाँ।
सच को सच कह पाना
अब मुमकिन नहीं रहा।

सारा परिदृश्य अब इतना ऊंचा,
ग्लैमरस, निर्वाक हो गया
कि कोई आँतरिक या बाहरी

बल ही परिवर्तन का
कारण होगा।
गुरुत्व अस्तित्व का, विकास का
परमाणु बल ऊर्जा का
नैतिक बल जीवन के अस्तित्व का
समूह बल सामाजिक परिवर्तन का
कारक है।

किन्तु जहाँ बल है
वही शोषण है, शोषक है, शोषित है
बलों की इस गत्यात्मक प्रकृति के मध्य
कहीं एक सन्तुलन बिन्दु भी है
जहाँ आकर्षण, प्यार सार्थक होते हैं।

किसी का महत्त्व कम नहीं
क्योंकि एक साथ मिलकर
विज्ञान, मानव और ब्रह्माण्ड में
संकल्पना और अस्तित्व का
निर्माण करते हैं।

ठीक यही तो आइन्सटाइन
बलों की एकता में परिकल्पना करते हैं
जबकि विश्व की सर्वाधिक ज्वलन्त समस्या
मानव समूहों के मध्य
एकता की कमी में निहित है।

कास्मिक ऊर्जा

सूर्योदय के पूर्व जगना
सेहतमंद होता है,
ऐसा कहते हैं लोग-
लेकिन
क्यों? कैसे होता है ऐसा?

लम्बा जीवन नीरोगी तन
तनावरहित, उन्मुक्तता-
सब-कुछ सुलभ है
लेकिन कैसे?
क्यों होता है ऐसा?

क्या सूर्योदय या सूर्यास्त के समय
या सूर्यग्रहण के अवसर पर
सूर्य की किरणें
सामान्य से कुछ
भिन्न होती हैं?

वैज्ञानिक बताते हैं-
ब्रह्माण्ड से हर समय
कास्मिक तरंगें, कास्मिक संदेश
कास्मिक ऊर्जा पृथ्वी तक
पहुंचती रहती हैद्य।

मगर क्या, सूर्योदय सूर्यास्त-सा सूर्यग्रहण के समय
इस कास्मिक अस्तित्व में

कुछ अप्रत्याशित परिवर्तन हो जाता है
जिससे सूर्य-किरणों का व्यवहार
असामान्य हो जाता है?

सौरमण्डल में पृथ्वी के सबसे निकट
सितारा होने के कारण
सूर्य का प्रभाव सर्वाधिक है
किन्तु इस प्रभाव का उदय, अस्त या
ग्रहण से क्या मतलब?

खाद्य पदार्थों में ऊर्जा
भूमि के तत्त्वों, हवा, पानी, धूप से आती है
मगर क्या कास्मिक ऊर्जा को
कोई मानव अपवाद स्वरूप
सीधे खाद्य ऊर्जा में बदल सकता है।

विश्व में ऐसे कई उदाहरण हुए
जहाँ कुछ लोग
कास्मिक ऊर्जा से पेट भरते थे-
खाद्यान्न की उन्हें
आवश्यकता नहीं थी।

क्या सूर्योदय के समय की
कास्मिक ऊर्जा में ही जीवन एवं
लम्बे जीवन का कोई रहस्य छुपा है,
साथ ही खाद्य ऊर्जा में
अंतरित होने की क्षमता का भी।

ये महज परिकल्पना है,
लेकिन कास्मिक ऊर्जा पर शोध भी
अभी खत्म नहीं हुआ।
क्या पता हम विश्व की
सर्वाधिक ज्वलंत समस्या के निकट खड़े हों?

सुदर्शन चक्र

आदि मानव का सबसे उपयोगी
आविष्कार था चक्र-
जो शायद पहाड़ों से लुढकते
और नदियों तक घिसटकर जाते पत्थरों को
गोल होते देखकर हुआ होगा।

यह आज भी उतना ही
उपयोगी है जितना पहले था-
किसी भी यन्त्र को लें
खगोलीय पिण्डों को लें,
या ब्रह्माण्ड के स्वरूप को।

इसके इसी उपयोग के कारण
कदाचित् भगवान् विष्णु
और कितने ही देवी देवताओं ने
इसे अपने अस्त्र की भाँति
ग्रहण किया।

मुझे आश्चर्य है
कि हमारे विमान अभी तक
गोलाकृति क्यों नहीं हुए,
जबकि उसमें प्रयुक्त हजारों यन्त्र
चक्राकार होंगे।

साइकिल हो या बाईक
ट्रेन हो या भीमकाय मशीनें
सभी का आधारभूत है
यही चक्र जिसने अब तक
कितनी दूरी तय कर ली।

मुझे विश्वास है, जिस दिन
हमारे विमान वलयाकार होंगे
तब वायु यात्राएँ
कहीं सस्ती, सुखद
और सुरक्षित होंगी।

गति

शाँति की एक सीमा है!
ठीक वैसे ही
जैसे युद्ध की एक सीमा है
और दोनों एक ही वृत्त पर
एक दूसरे के सामने
निर्विकार गति करते हैं!

गति जीवन का अनुभव
गति सृजन का संकेत है
गति शक्ति का सन्तुलन
गति परम विवेक है!

कोई नहीं कह सकता
कि मेरी शाँति सीमातीत है
क्योंकि जीवन-वृत्त पर सतत गति
प्रकृति का संकेत है!

सदियों से यह संकेत
अनसुना हम करते रहे
लोग आते रहे जाते रहे
दृश्य बदलते रहे!

गति की थरथराहट हमें
भयभीत करती रही कब से
उसमें निहित रोमाँच जब से
मर गया मिलकर हम से!

लज्जा

अकस्मात् एक तेज अंधड़ आ गया
मुझे जमीन से ऊपर ऐसा लगा
जैसे कोई विशाल सिलेटी बटन
तैरता हुआ नीचे आ रहा हो-
उसके बीच का भाग स्थिर था
केवल गोलाकार चक्का घूम रहा था
जैसे बिना पंख का विशाल सीलिंग फैन
पृथ्वी पर धीरे-धीरे आ टिका हो!

बटन के बीच से एक मानव निकला
और पास के भयभीत किसानों को
उसने निकट आने का संकेत दिया-
वे भाग खड़े हुए,
मैं हिम्मत करके पास गया
मेरी एक निगाह यान पर थी
जिसका वलय धीमी गति से घूम रहा था!

यह मानव ठीक हमारे जैसा है
अपने जैसी लम्बाई, चौड़ाई
अपने जैसे नाक, नक्श
सिपाहियों जैसी वर्दी पहने है
वह कुछ बोला —मैं नहीं समझा
मैं बोला, वह नहीं समझा
लगता है भाषा समस्या है
मैंने संकेत से काम लिया!

संकेत से उसने बताया, ऊपर का है
बस सैर करता इधर आ गया है
यान उतारने की जगह नहीं मिली
सो खेतों में उतार लिया
संकेत से पूछा, कि ये लोग
उधर भाग कर क्यों छिप गये?
मैंने देखा भागे हुए लोग
छिपकर तमाशा देख रहे हैं!

मैंने बताया कि अनोखा जहाज है
पहले कभी नहीं देखा इन्होंने
इसलिए डरे हुए हैं
मुझे बतियाते देखकर
वे पास आ गये
वह हंसने लगा,
मैं भी हंसा,
लोग और पास आ गये!

काफी देर बाद वह चलने को तैयार हुआ
विदा के रूप में उसने हाथ हिलाया
मैंने भी हिलाया
वह जैसे बटन के छेद में बैठ गया
फिर छेद बन्द हो गया
चक्के तेजी से चलने लगे
मशीन की आवाज तीव्र हो गयी
और फिर तेज हवाएँ बहने लगी!

धीरे-धीरे जहाज उठने लगा
एक गड़गड़ाहट-सी सुनायी दी
और फिर दस मीटर ऊपर स्थिर हो गया
कुछ पल के लिए-

यहीं से उसने अपने
वायुयानों जैसी गति पकड़ ली
कुछ पल दिखा
फिर निगाह से ओझल हो गया!

लोगो ने बताया, ये उड़न तश्तरी है
मुझे विश्वास नहीं हुआ
क्योंकि ये यान यहाँ नहीं बन सकता है-
क्या मैंने दूसरी धरती के
किसी प्राणी से संकेतों में बात की
मुझे विश्वास नहीं हुआ?
अन्य ग्रह का प्राणी क्या लेने
इस पृथ्वी पर आयेगा?

मैं भूल नहीं सकता वह दृश्य
जब गोल जहाज देखकर रोमाँचित था मैं-
उसके जाने के बाद भी
यान के भारी चक्कों से मिट्‌टी पर
बने विशाल गोले भी रोमाँच भरते थे-
हमने वो खेत महीनों तक नहीं छेड़े
जहाँ पर
वो भारी विमान उतरा था!

घर वालों ने मुझे धिक्कारा
उस मूर्खता पर कि बिना जाने
मैंने उस व्यक्ति से बात की-
मुझे लज्जा नहीं आयी
क्यों मैं नयेपन से भीत नहीं होता-
दस बरस बीत गये
मगर फिर भी मैं आज तक लज्जित हूँ

जी हाँ, मैं लज्जित हूँ
इस बात पर कि मैंने उसे
पृथ्वी पर रुकने का निमन्त्रण नहीं दिया,
इस डर से कि यदि वह
कुछ दिनों के लिए रुक गया
तो इस जमीन पर
मैं उसे कहाँ ठहराऊंगा
अपने घर में, गाँव में, देश में या कहीं और!

हम उसे क्या दे सकते हैं?
अहंकार, भेदभाव, यौन सम्पर्क, अर्थलिप्सा
स्वकेन्द्रण, असंतुलन, आत्मदाह, युद्धलिप्सा-
इस विशाल मनोरम भूखण्ड पर
कोई एक कोना नहीं मिल सकता
जहाँ घनी छाया के साथ
शाँति का साम्राज्य हो,
जहाँ बैठने को आमन्त्रित कर सकूं!

हर जगह तो दिमाग संक्रमित है
जितना कचरा बाहर फैलाकर
हम पर्यावरण की क्षति करते हैं
लगभग उतना ही कचरा मस्तिष्क में डालकर
उसकी भूख बढ़ा दी हमने
अब मस्तिष्क अधिक संक्रमित होने को प्रस्तुत है
हम महज उसे सिर पर रखे हैं!

अबादी ने गंगा को नंगा कर दिया
ज्यादे नुकसान नहीं हुआ
कुछ ने गंगा के घर में बिजली बना ली
थोड़ा नुकसान हुआ होगा

कुछ ने गंगा में तवे पर रोटियाँ सेंकी
ज्यादे नुकसान हुआ, मगर मस्तिष्क की गंगा

जब संक्रमित हो गयी तो मानो
गंगा पीकर हम आधुनिक अगस्त्य बन गये!
इस अगस्त्यों, सूफियों
सन्तों, लामाओं की भूमि पर
कोई एक कोना न मिला मुझको
जहाँ कुछ पल साये में
किसी दूसरी जमीन से आये
अपने मेहमान को मैं
दो सूखी रोटियाँ खिला सकूं
इसलिए मैं आज तक लज्जित हूँ!

-2009

महामानव

कभी ट्रैक्टर नहीं देखा था हमने
जो खेतों की जुताई कर दे
हल-बैल पर्याप्त थे-

कभी बिजली नहीं देखी थी हमने
जो घर को रौशन कर दे
ढिबरी पर्याप्त थी-

कभी हमने कार नहीं देखी थी
जो सैकड़ों मील ले जा सके
ताँगा पर्याप्त था-

कभी हमने अभिनय नहीं सीखा
न दुख में हंसे, न सुख में रोये
सहना पर्याप्त था-

भूख या सुरक्षा की परवाह नहीं थी
जो हमें बेचैन कर दे
अपना काम पर्याप्त था-

छोटे या बड़े की चिन्ता नहीं की
जो बड़ा होने को प्रेरित करे
बस होना पर्याप्त था-

जीना नर्क नहीं था
जो आत्महत्या की प्रेरणा दे
व्यस्त रहना पर्याप्त था-

किस बात की आजादी है

हरे-भरे मैदानों को हमने
टुकड़ों में बाँट दिया कर दिया,
बड़ी-बड़ी मशीनों ने
उस पर सीमेंट का
जंगल बना दिया!

जब कोई नियम नहीं था
हम हवा से दौड़ लगाते थे
कभी जीत जाते थे, कभी हार जाते थे
वहाँ अब सड़कों पर
मोटरों का काफिला है
और कुत्ते सड़क पार करने को
प्रतीक्षा करते हैं!

जहाँ आबादी बढ़ी, मौतें घटीं
मगर नौजवानों की बेपढ़ी फौज ने
या तो जमीन के टुकड़े कर लिये
या शहर में मजूरी की
या पिण्डारी बन गयी-
और बूढ़े कुत्ते बन गये!

जहाँ आदमी के खाने में
साधु सन्त भूखे के अलावा

कुत्ते, कौवे का भी हिस्सा था
अब केवल वह खाता है
जिसे कमाने का तरीका आ गया!

जहाँ खुद्दार लोग रहते थे
नौकरी को गुलामी समझ
अपनी भुजाओं पर भरोसा करते थे-
आज वे ही पिण्डारियों से डरे हुए हैं
सूर्यास्त के बाद घर से बाहर नहीं जाते!

—2008

अंधेरी सरहदें

हमारे गाँव के लोगों ने
अपने विचारों की अंधेरी सरहद को
कब का पार कर लिया-

तीन दशक पहले धूल मिट्टी में
लोटते गाँव ने
पक्के सड़क क्या देखी
फनफ़नाकर खड़ा हो गया!

बारिस में दो महीने टापू-सा
रहने वाला गाँव
नाला बनते ही पिकनिक मनाने लगा।

हल, बैल, खुर्पी, फावड़ा, कुल्हाड़ी से
हाथ में दुखते गट्टों को
सहलानेवाला गाँव
ट्रैक्टर पर बैठते ही
अंग्रेजी बोलने लगा

तन्त्र, मन्त्र, ज्ञानी, गुनी,
ओझा के शिष्य गाँव को
अब रात में भूत नहीं दिखते
क्याँकि अब दिमाग में भूत नहीं

गाड़ी का स्टीयरिंग घूमता है!
चूरन चटनी गोमूत्र का
सेवन करनेवाला गाँव
अब टीवी, डायबिटीज, डायलिसिस,
हार्टफेल, समझने लगा!

खलिहान में आग लगने पर
मजदूरी करके चार महीने
नमक रोटी खानेवाला गाँव
आज सरकारी मदद से
चार दिन में उठ खड़ा होता है!

आल्हा, ढोलक, ब्याह, बरात
औरत में मनोरंजन की तलाश
अब टीवी ट्राँजिस्टर, मिस्कौट में
सिमट गयी!

कभी सपने से संकोच करनेवाले
दिन में सपना देखकर
मोटर बाईक से निकल पड़ते हैं
उसे पूरा करने के लिए
फिर चाहे मर्डर हो या किडनैप!

कभी बाहर जाने से डरनेवाले
बड़े शहरों में आज
टूल मशीन चलाते हैं
और अपने बच्चों को
अंग्रेजी पढ़ाते हैं।

सड़क पर लगे मील के
पत्थर पर लिखी इबारत से
कुछ साल वह डरा मगर
मोटर बस ने उसे सैर कराकर

भयमुक्त कर दिया!

जब से गोबर के उपलों
अरहर की लकड़ियों की जगह
गैस के सिलेण्डर ने ले ली
तब से औरतों के घूंघट हट गये
देहभाषा में विश्वास आ गया!

जो हकलाता था
अनायास धमक जाता था
जिसको समय का ज्ञान न था
आज उसकी घड़ी की सुइयाँ
फर्राटा भरती हैं!

सदियों तक छेनी हथौड़ी लेकर
शिलाओं में ईश्वर उकेरनेवाले
गाँव ने मशीनों में
आज ईश्वर को देख लिया
तिजोरी में रखा
और भरोसा पाया!

वह ईश्वर का अंश
नहीं रह सकता
उसे पूरा चाहिए
नयी वैज्ञानिक खोज चाहिए
रास्ता चाहे कानून के
ऊपर हो या नीचे!

हमारे गाँव के लोगों ने
अपने विचारों की अंधेरी सरहद को
मशीनों के प्रकाश में पार कर लिया
सुख, ईश्वर, संतुष्टि के
मिथ्या बंधनो को तोड़कर!

भाग-2

चश्मदीद

(1)

मुझे बेहद अफसोस है जनाब
कि मैंने इतने लोगों की
पूरी रात खराब कर दी
आप पल भर रुकें,
मुझे तनिक साँस लेने दें
मैं सच कहूँगा,
और सच के सिवा कुछ नहीं कहूँगा।

(2)

तुम सिर्फ इतना बता दो
कि रात के दो बजे तुम
कुतुबमीनार पर क्यों चढ़े?
आत्महत्या के लिए या इत्तफाक से
आत्महत्या अपराध है
मगर इत्तफाक की कोई
सजा नहीं होती।

(3)

मेरी आपसे दरख्वास्त है दारोगा जी
कि इलेक्ट्रानिक मीडिया के लोगों को
यहाँ से जाने की दरख्वास्त करे लें-
ये सारे देश में वैभव
और बेचारगी का ढिंढोरा पीटते हैं
पता नहीं क्या हो गया लोगों को
जिन्हें ग्लैमरस आमो-खास से ही मुहब्बत है।

(4)

तो जनाब मैं इसी इलाके की
एक सराय के कोने में
(माफ कीजिये मैं होटलों को
आज तक सराय कहता हूँ।)
अपने दोस्तों के साथ पी रहा था।
और इण्डियन लिटरेचर पर
गंभीर चर्चा कर रहा था।

(5)

आधी रात बीत चुकी थी
सातवीं का आधे से कम चाँद
पीले बल्ब-सा जल रहा था-
आसमान के आँगन में
सैकड़ों छोटे-बड़े सितारे
गोलाकृति झालर में
जल बुझ रहे थे-

(6)

हवा में कार्तिक की
ठण्डी-सी खुनक भर गयी थी
आकाश में जुगनूं से चमकते
विमानों में कोई खास
मजा नहीं था-
क्योंकि वे सितारे को देखने में
बाधा कर रहे थे।

(7)

दारोगा जी। क्या तुमने देखा कभी?
कि नीम उजाले में
आकाश ताकने का क्या मजा है
और बिल्कुल अंधेरे में
ये कैसा लगता है
और दोनों में क्या फर्क है?
कभी देखो तो जानोगे।

(8)

नाराज न होइये बंदानबाज
इसे समझे बिना
मेरा इरादा कैसे समझोगे।
भाई दिन में मुझे
धरती एक जगह पर खड़ी दिखती है
इसका घूमता स्वरूप तो
रात में ही दिखता है।

(9)

नशा मुझे नहीं बॉस
अपनी जमीन पर चढ़ता है,
देखो न कभी-
रात होते ही नशे में नाचने लगती है
और पौ फटते तक नाचती रहती है
सुबह होते ही बेसुध होकर
दिनभर के लिए सो जाती है जमीन।

(10)

मैं नाच नहीं सकता
इसलिए जमीन को नाचते देखकर
आनन्द लेता हूँ
और जमीन ही क्यों
सारी कायनात रात में नाचती है
और माफ कीजियेगा दारोगा जी
आप भी तो एक से दूसरी जगह
रात में नाचते हैं।

(11)

तो साहब, ये मेम साहिबा,
(उसने जमीन की ओर संकेत किया)
जब रात एक बजे
झूमकर नाच रही थी,
मैं भौचक्का रह गया
मुझे अपना मैखाना भी
घूमता दिखने लगा।

(12)

मेरे दोस्त कोई बहुत नेक नहीं,
सारे बेबड़े हैं,
इन्होंने मेरे पहले से ही
कल्पना के पंखों पर
उड़ते मस्तिष्क को हवा दी
कि आओ हम सब
इस खुशी में एक जाम उठायें।

(13)

काहे की खुशी साहब
पेड़ काटकर धरती को
हम सबने नंगा कर दिया है,
धरती तो फिर भी माँ है,
पतुरिया तक पहन ओढ़कर नाचती है
और इन्हें धरती के नंगनाच की खुशी में
जाम उठाने की पड़ी थी।

(14)

देखा आपने
कितने कमीने दोस्त हैं मेरे
मैं तो पहले ही नशे में था
एक दो जाम के बाद तो
सातवीं का चाँद मुझे
एक के बजाय
दो दिखने लगे।

(15)

जी हाँ ये सच है।
सराय से निकलते ही
साथ परिदृश्य बदल गया
मेरे लिये अब ये नृत्य नहीं रहा।
मैंने देखा कि ये हसीन कायनात
मय से भरा विशाल प्याला है
जिसे मैंने आज तक नहीं चखा।

(16)

आप सच मानिये
मैं इतना भी नशे में नहीं था,
जब मैंने इस जाम को देखा-
नीम उजाले से भरी ताजी मय में
टिमटिमाते सितारों के बुलबुले,
पीली बर्फ-सा तैरता चाँद का टुकडा

(17)

आह! इतने विशाल प्याले से
कौन पीता होगा,
इसमें तैरा जा सकता है।
लेकिन इस तक कैसे पहुंचें।
अकस्मात् मैंने इस प्याले के
ऊपर पहुंचानेवाली सीढ़ी देखी
जिसे आपने अभी-अभी कुतुबमीनार कहा सर।

(18)

मेरे शैतान दोस्तों ने
इस कल्पना को
और हवा दे दी,
(आप उन्हें भी पकड़िये, सर)
मैं अपनी दुर्दमनीय इच्छा को
अब और रोक नहीं सका
मुझे आज ही इस समन्दर में तैरना है।

(19)

दोस्त बुरे सही लेकिन
एक साथ ही हम तीनों
टूटी दीवार फलाँग कर
कुतुबमीनार के परिसर में पहुंचे
पता नहीं कैसे सुरक्षा गार्डों को
हमारी सूंघ लग गयी
हम घण्टे भर झाड़ियों में दुबके रहे।

(20)

कुतुबमीनार के नीचे गेट बन्द था

लेकिन मैं जमीन पर घिसटकर
बदन को टेढ़ा करके सरक गया
(आप मानेंगे सर कि मेरे
स्मार्ट शरीर ने इसमें काफी मदद की)
पहली मंजिल तक फिर
कोई परेशानी नहीं हुई।

(21)

दोनों दोस्त बगल में
आर्कियोलॉजी की खण्डर इमारत के
एक खम्बे के पीछे साँस रोके
मेरी सुरक्षा को छिपे हुए थे
(यद्यपि कि उनका नशा
वहाँ से भाग जाने को प्रेरित कर रहा होगा,
आप इस बात की तसदीक करिये सर)

(22)

दूसरी मंजिल चिनवा दी गयी थी,
मैंने उसकी दीवार पर चढ़कर
कुछ ईंटें निकालीं
और दूसरी ओर उतर गया,
अब पाँचवीं मंजिल तक
मुझे कौन रोक सकता था
मैं प्याले की कोर पर खड़ा था।

(23)

ये वो इमारत है
जिसकी प्रतिवर्ष कोई छाया
21 जून को नहीं बनती
क्योंकि इस जगह 21 जून को
सूर्य की किरणें
सुबह से शाम तक
सीधी पड़ती हैं।

(24)

आप मेरा विश्वास करें जनाब
रात के तीन बजे

दिल्ली के शीर्ष पर खड़े मुझको
जमीन वाकई घूमती दिखी
कुतुब के चारों ओर-
यह एहसास पहले क्यों नहीं हुआ?
मगर मैं पहले चढ़ा ही कब था?

(25)

मैंने पत्थर फेंके
जो नीचे पहुंचे
जिनकी आवाज सुनकर
मेरे दोस्त बाहर निकल आये-
साफ जाहिर था
कि पृथ्वी का गुरुत्व
अभी कायम था?

(26)

जब जमीन में आकर्षण है,
तो आप ही बताइये भला-
किसी को मरने की क्या जरूरत?
जहाँ तक पीने का सम्बन्ध है,
भला दुनिया में कौन नहीं पीता?
इतने प्रदूषण के बाद दिल्ली में
दो पैग के बाद तो अक्ल आती है!

(27)

अब मैं बादशाह था,
कितनी बार मैंने आधे चाँद को
उसके ही किरणों की
रस्सी से बाँध क्षितिज का
एक चक्कर लगवाया उसे
और प्याले की कोर पर अपने पैरों से
कितनी बार सितारों को छपछपाया।

(28)

मैंने सोचा नशे के समन्दर को
पी तो नहीं सकता, तैर सकता हूँ
वहीं एक चूक हुई-माफ कीजिये।

लेकिन इसमें मेरी कोई गलती नहीं
विदेशों में क्रिसमस पर
स्विमिंग पूल में पानी की जगह शराब
भरने की प्रथा दिल्ली में क्यों नहीं है।

(29)

अगर ऐसा यहाँ होता
तो क्यों मेरी ख्वाहिश
मय के समन्दर में तैरने की होती-
बहरहाल जो होना था- हुआ
मेरे कन्धे, पैरों में सनसनाहट होने लगी
एक जल पक्षी की भाँति मेरे कंधों पर
मजबूत पंख निकल आये।

(30)

यह एहसास होते ही बताने की खातिर
मैंने चिल्लाकर अपने
दोस्तों को आवाज दी-
फिर और तीव्रता से बताया
कि मैं अब इसमें मय प्याले में
उतरनेवाला हूँ,
वे भी चाहें तो ऊपर आ जायें।

(31)

दोस्त समझ गये
कि क्या होनेवाला है
वे भी चिल्लाये
कि नीचे आओ भगवान् के लिए।
आप जानते हैं हुजूर
कि रात में नीचे की आवाज
ऊपर कैसी साफ सुनायी देती है।

(32)

मेरा मूड बिगड़ गया,
एक बेहतर अनुभव को मैं प्रस्तुत था,
इसमें भगवान् कहाँ आ गया?
वह तो इस विश्व प्रकृति का यौवन

रोज ही पीता है,
आज एक आम आदमी ने पीना चाहा
तो पड़ोसी के पेट में मरोड़ उठने लगी।

(33)

बेड़ा गर्क हो उत्तर भारत का।
निन्दा परपीड़न शारीरिक, मानसिक,
आर्थिक शोषण से ही फुर्सत नहीं कमीनों को
नया अनुभव न तो खुद लेंगे
न ही लेने देंगे ये
मत्स्य न्याय के निशाचर
लाहौल वला कूबत।

(34)

लानत है इस मानसिकता पर
कि पूरा समाज सर्प दंश में लहराता है
जो करता कुछ और है, कहता कुछ और।
लेकिन मैं अपने क्रोध को
नये अनुभव के रोमाँच से
थरथराते हाथ पैरों पर
हावी नहीं होने दूंगा।

(35)

मुझे जबरन मैखाने घसीट ले गये,
जो बीवी, बच्चों का समय था,
दसियों बहाने कर मुझे पिलायी,
मुझे ब्रह्माण्ड का पैमाना दिखाया
मेरी कल्पना को हवा दी
चोरों की भाँति कुतुबमीनार में घुसाया
और अब।

(36)

अब कहते हैं नीचे आओ,
जब मैं लबालब भरे
छलकते यौवन के प्याले की सीढ़ी पर
गोता लगाने को तैयार बैठा हूँ।
मैंने चीखकर जवाब दिया-

तुम भयभीत हो तो निकल जाओ,
मैं दो घूट पिये बिना लौट नहीं सकता।

(37)

और उस भगवान् को
मेरे बीच मत लाओ यार
जिसके रोज दर्शन के बाद भी
तुम्हारे पाप के घड़े भर गये
अलविदा मेरे दोस्त
अलविदा
सागर के किनारे पैर छपछपाना
मेरी फितरत नहीं।

(38)

नीचे से कोई आवाज नहीं आयी
मगर कुछ देर बाद घण्टे बजाते
मोटरों के काफिले,
सर्च लाइटों की रोशनी
चारों ओर फैले जालों ने
मेरे समन्दर की मदिरा को
रंगीन बना दिया।

(39)

मुझे लगा कि ये चाँद, सितारे, पृथ्वी
ये आकाशगंगाएँ, नीहारिकाएँ
जिस आकर्षक जाले से गुंथी हैं
और नर्तन करती हैं
आज उन्हीं जालों की छाया
पृथ्वी पर पड़ रही है
कैसी आकर्षक रात है?

(40)

और कुतुब के पाँचवे तल पर
मैं खुशी से नाचने लगा,
जिधर मैं जाता, सर्च लाइट
मेरी मदिरा को रंग देती
जाले मुझे एहसास दिलाते

कि ब्रह्माण्ड के सितारे आज
जमीन पर उतर गये।

(41)

सीटियाँ बज रही थी,
भौंपू धमकिया रहा था मुझे,
मैं नाच रहा था।
इससे पहले कि थक जाऊं,
मैंने मदिरा के कुछ घूंट भरे
और उस विराट् साक्षात् के लिए
समन्दर की ओर उड़ चला।

(42)

तैरते हुए मुझे लगा
कि जमीन का आकर्षण कायम है,
धरती अभी तक नाच रही है-
मुझे अपनी गोद में खींच रही है-
एक नटखट बच्चे-सा
सो जाने के लिए
सुबह तक!

(43)

आपने ही बताया सर-
कि मैं सुबह पाँच से
शाम चार तक सोता रहा-
जिसे अपनी माँ से इतना लगाव हो-
आप ही बताइये जनाब
वह कैसे खुदकुशी जैसा
हकीर काम करेगा?

प्रेत भूमि

(1)

पूरे चाँद की रात
पथरीले पहाड़ियों की ऊंचाई नीचाई से
गुजरकर मैं
उस शिखर की ओर निकल पड़ा
जहाँ ठीक आधीरात को
मठ के लामा
प्रेतात्माओं का
आवाह्न करते रहे थे!

यह एक वार्षिक अनुष्ठान था
जो हर वर्ष की शरद् पूर्णिमा को
मध्यरात्रि से आरंभ होकर
भोर में समाप्त होता था
इत्तफाक से मैं उन्हीं दिनों
उस पर्वतीय अंचल में था
जब उत्सव का
समय आया!

तेज सर्द हवायें
अपने लैदर जैकेट को पहने
मफलर लपेटे मैं
पर्वत शिखर की ओर बढ़ चला

पैरों में कम्पन
हृदय में रोमाँच
आँखों में अनहोनी की लालसा
मस्तिष्क में अविश्वास!

(2)

जैसे पूर्णिमा की रात समुद्र में
ज्वारभाटा आता है
ठीक वैसे ही चाँदनी से भरे
हिम शिखरों से घिरे इस मठ के
मस्तिष्क में विचारों की
तरंगों के अगणित
प्रकम्पित ज्वार भाटे
एक साथ उठते गिरते हैं

विशाल दमकते चाँद के पर्वत शिखर
अब बिल्कुल सामने थे
क्या आज चाँद का वह भाग दिखेगा
जो पृथ्वी से कभी नहीं दिखता-
चाँदनी की बारिश देखी थी
मगर पहली बार यहाँ
मैंने अनुभव किया कि
चाँदनी में कैसे भीगा जाता है!

सब दिशाओं से स्पष्ट संकेत
कि आज कोई विशिष्ट घटना
होने को है
मैं लड़खड़ाते पैरों से
शराबियों की तरह झूमझूमकर
मठ के सामने मैदान की ओर
जा रहा था कि मठ से अकस्मात्
घँटा बजा मध्यरात्रि का!

(3)

लगा कि यह आवाज मठ से नहीं
मेरे भीतर से आयी है
अविराम टनाटन के बीच
मैदान पर हजारों की भीड़
कुछ देर में ही
उन ही में मिल गया
सबकी निगाह मठ पर ठहर-सी गयी!

तीस-पैंतीस मिनट बाद
एक श्वेत वस्त्रधारी लामा
मठ की चोटी पर दिखे
दिखते, छुप जाते
सैकड़ों सीढ़ी पार कर
वे नीचे की मंजिल पर आये
फिर ओझल हो गये
अकस्मात् तेज आवाज के साथ
मठ का विशाल द्वार खुला !

ये आवाज कैसी थी
ये किसी खुलते हुए द्वार की नहीं थी
ध्वनि के दूर जाते
गतिमान स्रोत से
जो धीमा होता स्वर निकलता है
ये वो आवाज थी
तो क्या ये मठ
हमसे दूर जा रहा था

(4)

लामा निकले और मैदान पर आ गये
चाँद ठीक सिर के ऊपर था
एक छोटी-सी मठिया के भीतर

लामा ने ज्योति जलायी
क्षीण-सा प्रकाश हुआ
मगर आश्चर्य कि तेज हवा में
ज्योति एकटक जल रही थी
केवल उर्ध्वकारी गति में!
देर तक लामा ने मंत्र पढ़े
साबर मन्त्रों जैसे अनगढ़ मंत्र
हर बार लय टूटने पर जमा भीड़
जय-जय-सा कुछ बोलती थी
फिर लामा मंत्र पढ़ते थे
एक अजीब-सी रहस्यमयता
वातावरण पर हावी थी
मुझे जैसे नशा होने लगा!

मुझे लगा कि यदि लामा मेरा नाम लेंगे
मैं प्रेतात्मा के रूप में
उनके समक्ष खड़ा होकर
सारी दुनिया के अपराध को
स्वीकार कर लूंगा-
लामा ने दसों दिशाओं को पृथक्-पृथक्
एकटक नमन किया!

(5)

किन्तु मेरी आँखे मठ के ऊपर ठहर गयीं
जहाँ से लामा उतरे थे
मठ की उसी सर्वोच्च छत पर
ठीक लामा के रूपाकार जैसे
श्वेत वस्त्रधारी दूसरे लामा
निःशब्द वही क्रियायें कर रहे थे
जो लामा हमारे सम्मुख
मैदान पर कर थे!

जाने कहाँ से आकर चाँद को
घने काले बादलों ने जकड़ लिया
चाँद निकलने को छटपटाता है
मेघ वैसे ही उसे घेरे हैं
जैसे चाँद पर ग्रहण लगा हो
चाँद छोटा हो गया
क्या ये चाँद का पिछला भाग है
जो हमें कभी नहीं दिखा

लामा ने जोर से पाँच आवाजें दीं
पर्वत श्रेणियों से प्रतिध्वनि आयी
आकाश से पाँच सितारे टूटे
भीड़ से पाँच लोग बाहर आये
मैंने गौर से देखा
वे आविष्ट मानव की भाँति
नशे में झूम रहे थे
दोनों लामाओं ने हाथ से संकेत किया!

(6)

पाँच लोग निश्चेष्ट हो गये
सभी से लामा ने बातें की
वे पाँचों अपने-अपने
अपराधों की क्षमा याचना करते हुए
सर्प की भाँति लामा के पैरों से कुछ दूर
लपलप रहे थे
छत पर के लामा ने हाथ उठाया!

पाँचों जैसे फिर निर्जीव हो गये
मैदान पर के लामा आगे बढ़े
एक-एक को उठाकर उसके
पैरों पर खड़ा कर दिया
एकटक जलते दीपक के पास रखे
गिलास से पानी की

दो बूंदें उनके हाथों पर डालीं
जिसे वे अमृत समझ पी गये!

दुभाषिये ने बताया कि
इन पाँचों प्रेतात्माओं की
मुक्ति हो चुकी है
अब ये पाँचों लोग
उन प्रेतों के
शाप से मुक्त हैं-
कार्यक्रम का समापन
शीघ्र ही होगा!

(7)

मैं इस अनुष्ठान का अर्थ नहीं समझा
क्या ये संकेत है, मानव का
तीनों काल में अस्तित्व है
क्या सही राह दिखाना या अभिशाप से मुक्ति?
इन वास्तविक दृश्यों का कोई तर्क नहीं
तो फिर आविष्ट वातावरण, कृत्रिम चन्द्रग्रहण
नक्षत्र दीवाली, दिव्य ज्योति, सर्प मानव
इसका क्या अर्थ?

चाँद बादलों से वैसे ही मुक्त हुआ
जैसे वह जकड़ा गया था
आकाश फिर से तारा विहीन हो गया
लामा ने ढलते चाँद को नमन किया
मठ का घण्टा बजने लगा
दिव्य ज्योति और अमृत कलश लेकर
पाँचों लोग लामा के साथ
खड़े हो गये!

भारी आवाज के साथ
मठ के द्वार बन्द होने की सूचना हुई

छत पर खड़े लामा ने
ऐसा संकेत दिया कि मानो
वे दिव्य ज्योति की गन्ध
सारे संसार की वायु में
प्रवाहित कर रहे हों
सहसा हमारी साँसों में सुगन्धित वायु भर गयी!

(8)

अकस्मात् छत के लामा ने
विदाई का संकेत दिया
भीड़ वापस घूम गयी
मगर मैं उन्हें देखता रहा
विदाई हाथ हिलाते-हिलाते
वे छोटे होते गये और
वायु में विलीन हो गये
मैं सन्न रह गया!

दुभाषिये ने बताया कि
आश्चर्य की बात नहीं
वे तुमसे बहुत दूर, ऊंचाई पर
सीढ़ियों पर खड़े थे
धीरे-धीरे नीचे उतरने से
उनका रूप छोटा होता गया
आखिरी सीढ़ी उतरते ही लगा
वे अन्तर्ध्यान हो गये!

सब-कुछ कल्पनातीत
वह चाँदनी रात
सीढ़ीदार मठ, घण्टध्वनि, विशाल द्वार
दिव्य ज्योति, अमृत कलश, प्रेतावाहन
वह आविष्ट वातावरण सच था
या मैंने कोई सपना देखा!
क्या सचमुच चाँद का पृष्ठ भाग देखा
जो पृथ्वी से कभी नहीं दिखता!

पूर्णिमा की रात

(1)

बम्बई में मेरे घर की
सरहद पर समन्दर रहता है
पच्चीस साल पहले
यहाँ ब्याह कर आयी थी
इतना बड़ा मकान होने पर भी
मुझे कभी यहाँ डर नहीं लगा
लेकिन हर पूर्णिमा की रात
मैं भयभीत हो जाती हूँ।

कुछ ऊंचाई पर बने
मेरे बेडरूम से दिखती है
समन्दर की अपार जलराशि
नीचे आने पर एक बड़ा-सा लॉन है
जो सीधा उस 30 फुट ऊंची
चारदीवार तक ले जाता है
जो मेरे और सागर के बीच है
पत्थर की बनी दीवार के ऊपर
कंटीले तारों का जाल है

ये घर नहीं पुराने समय का
किला-सा लगता है
मुख्य द्वार सागर के विपरीत

मुख्य सड़क पर खुलता है-
इसकी देखभाल को तकरीबन
एक दर्जन नौकर रखे हैं
जो रिहायश से सागर तक
तथा मुख्य सड़क तक पेड़-पौधों
अन्य मकानों की देखभाल करते हैं

(2)

मेरे पति व्यवसायी, बेहद सरल, सतर्क हैं,
दो बच्चे बाहर हैं
मैं खुद अपना वक्त काटने को
एक कान्वेण्ट में साईन्स पढ़ाती हूँ
सारे सुख के बावजूद
मैं पूर्णिमा की रात को
पिछले पच्चीस सालों में
एक बार भी नहीं सोई।

आज से पच्चीस साल पहले
जब मैं यहाँ आयी थी,
सो नहीं पा रही थी-
कारण मेरे पति ने बताया
समुद्र से हर समय
जल तरंगों की ध्वनि निकलती है
जो रात को तेज हो जाती है
इसी कारण नये व्यक्ति को ठीक से
कुछ रातों नींद नहीं आती।

कुछ ही दिनों में सागर से
मेरा ऐसा साहचर्य हो गया
कि यदि एक दिन भी उसे न देखूं
या रात को उसकी आवाज न सुनूं
तो निश्चय ही बीमार हो जाऊं
मैंने उसकी अपार जलराशि

उसकी रूपराशि, भँगिमा, आमंत्रण, आकर्षण को
इतना भोगा है कि आज मैं
उसके बिना अपनी कल्पना नहीं कर सकती-

(३)

शुरू के दिनों में एक
अजीब घटना का साक्षात् किया
पता नहीं मेरा वहम था
या मेरे अनसोये मन ने मुझमें
एक चिड़चिड़ाहट-सी भर दी थी।
आज समन्दर रोज से ज्यादे चंचल था
ज्वारभाटे का शोर हो रहा था
कई दिनों की अनसोयी मैं
थककर गंभीर सो गयी

अकस्मात् मेरी आँख खुली
पूर्णिमा की रात को बेडरूम से
सागर का दृश्य स्वर्गिक अनुभूति दे रहा था।
चाँदनी दालान को बुहारकर जैसे
उस पर सो गई हो
सागर क्रुद्ध स्वर में गरज रहा था
लेकिन मेरी आँख खुलने की वजह
सागर नहीं, किचन से आनेवाली खटपट थी
बेडरूम में मेरे पति नहीं थे।

मैं चिंतित हो उठी
आखिर ये कहाँ गये,
सोये तो मेरे साथ थे
शायद ट्वायलेट गये हों।
दस मिनट की प्रतीक्षा के बाद
मैं बिस्तर से निकली
किचन से आती खटपट थम गई थी।
शायद चूहों की करामात हो
मगर मेरे पति कहाँ?

(4)

मैंने पिछवाड़े समन्दर की दिशा में देखा
चाँदनी रात में साफ था
कि मेरे पति दालान के एक भाग पर
बने लान में लगी कैनीपी के नीचे
बैठे हुए कुछ खोज रहे हैं
आखिर क्या?
कुछ देर बाद वे एक
आविष्ट व्यक्ति की भाँति
घर की ओर चलने लगे
और फिर अदृश्य हो गये

दो मिनट बाद बेडरूम के
दरवाजे से आहट हुई
मैं खिड़की के निकट खड़ी देख रही थी,
वे भीतर आये
तथा बिना यह देखे कि
नवविवाहिता पत्नी बिस्तर पर नहीं है
वे चादर ओढ़कर सो गये
उनके चेहरे पर आते समय
कोई भाव नहीं था
मानों वे नींद में चल रहे हों।

सवेरे इस घटना को
उल्लेख किये बिना
वे दफ्तर चले गये-
मैं दिन-भर
सोचती रही-सोचती रही
कि ये वाकई कोई सच्चाई है
या कि मैंने ही कोई
डरावना सपना देख लिया

(5)

सुबह मौसम साफ था
इनके जाने के बाद मैं
नाश्ता करके गहरी नींद में सो गयी-
शाम चार बजे सोकर उठी
तो स्वस्थ हो चुकी थी
सच बताऊं, तो मेरी हिम्मत नहीं हुई
कि बंगले के दूसरे भाग से
रह रहे अपने सास, ससुर से
मैं इस घटना का जिक्र करती।

मुझे लगता है कि वृक्षों में पीपल, नीम
पशुओं में बिल्ली, पक्षियों में सारस, प्राणियों में मानव
मानवों में स्त्रियों को सबसे ज्यादा
अपनी छठी इन्द्रिय के द्वारा
ऐसी घटनाओं का पूर्वाभास होता है
जाने कैसे यह घटना मेरे मस्तिष्क से
ओझल हो गयी मगर फिर भी
मुझे याद रहा
कल पूर्णिमा की रात थी।

ससुराल में कुछ ही महीनों में
सामान्य हो गयी मैं-
सागर से मेरी सम्पृक्ति सघन हो गयी
जो आज तक कायम है-
दो-तीन महीने खेल-खेल में बीत गये
शहर में वे रात-रात भर चलनेवाली दावतें
गीत, संगीत, नृत्य, मौज, मस्ती
सब-कुछ में
खुद को भी भूल गयी मैं

(6)

छठे महीने को फिर पूर्णिमा आयी
जब हम दोनों घर पर थे
मेरी आँखों में नींद कहाँ हो सकती थी,
ये सो चुके थे-
मुख्य सड़क के दूसरी ओर खड़े
गॉथिक शैली के चर्च ने
जैसे ही अर्द्धरात्रि का घँटा बजाया-
ये बिस्तर से उठ बैठे।
नंगे पाँव ही ये बेडरूम से निकल गये
फिर किचन में खटपट की आवाज
मैं फिर उठ बैठी
किसी अशुभ की आशँका फैल गई।
अब दालान पर पसरी चाँदनी में
मुझे आकर्षण नहीं रहा
ज्वारभाटे की गर्जना
अब और डराने लगी।

किचन में खटपट बंद हो गयी
बेडरूम के दरवाजे पर आहट हुई
ये नींद में चलते भीतर आये
हाथ में एक चाकू था
खिड़की के पास कुर्सी से
मैं देख रही थी कि ये बिस्तर का
चक्कर लगाकर मेरी तरफ आये
मेरी चादर तकिया, यू लगे थे
मानों मैं सो रही हूँ।

(7)

उन्होंने चाकू से मेरे ऊपर
दस-ग्यारह प्रहार किये
मैंने साफ देखा कि उनके चेहरे पर

कोई भाव नहीं था- शून्यता को छोड़कर
प्रहार के पश्चात् वे मेरे निकट से
गुजरते हुए अपने बिस्तर पर गये
चाकू को तकिये के नीचे रखा
और चादर ओढ़कर सो गये
वे पूरी रात सोते रहे,
उन्हें इतना भी पता नहीं
कि मैंने बिस्तर से चाकू निकालकर
दूर झाड़ियों में फेंक दिया है-
समुद्र की गर्जना कुछ कम हुई
दालान के पेड़ों, पगडंडियों पर बिखरी
चाँदनी ने अपना जाल समेटा
और मैं किचन को ताला लगाकर
प्रातःकाल सो गयी।

जब मैं उठी
तब ये जा चुके थे
दिन-भर मैंने मंथन किया
शाम को निश्चय किया
कि इस बात को अपने
सास-ससुर से बताया जाना ठीक होगा
मैं उनके कमरों की ओर बढ़ गयी,
नौकर ने बताया
कि वे दोनों सामनेवाले
लॉन में बैठे हैं

(8)

ठीक कहते हैं वे लोग
कि आदमी के भाव
उसके चेहरे से झलकते हैं
मेरी सारी ऊपरी दृढ़ता के बावजूद
मेरी चिंता, विचलन, अनिद्रा, अनिश्चय को

दोनों अनुभवी लोगों ने ताड़ लिया-
"हम लोग खुद तुम्हारे पास
आना चाहते थे," मेरे ससुर बोले
"खैर, तुम अपनी बात पहले कहो।"
मैंने दोनों घटनाओं की बाबत उन्हें बताया
उन्हें इस बात पर आश्चर्य हुआ
कि किचन में चाकू कहाँ से आया?
मैंने कहा यह तो स्वाभाविक है
वे बोले कि हमारे घर में
ये स्वाभाविक नहीं, लापरवाही है
जिसकी सजा दी जायेगी।
बुजुर्ग ने वही बात दोहरायी
जो मैंने उन्हें कहा था-
उन्होंने कहा कि राजीव
अपने बारहवें साल से ही
ये काम करता रहा है
हम अपने जीवन भर
इस एक रात
न तो सोये, न राजीव से अलग हुए!

(9)

हमारे बाद तुम्हें अपने सारे जीवन
महीने में एक रात जगना होगा-
सभी नौकर पुराने, भरोसेमंद है
इन्हें आदेश है कि काम के बाद
सभी चाकू, छूरी, काँटे, कैंची
किचन से निकालकर एक स्टोर में रखेंगे
जिसकी चाभी तुम्हारी माँ के पास है
जिसे तुमको देने हम आज
खुद तुम्हारे पास आना चाहते थे।

माँ ने एक ताली मुझे दी
जो मैंने ले ली-

बुजुर्ग बोले, तीन चीजें
तुम्हें संभालकर रखनी है बेटी
एक यह ताली
और एक सागर के किनारे बनी
चारदीवार के ऊपर की
कंटीले तारों की जाली
और राजीव का साथ।

जब तक ये तीनों चीजें
तुम्हारे काबू में हैं-
कोई तुम्हारा या राजीव का
बाल भी बाँका नहीं कर सकता-
मैं पुराने जमाने का हूँ,
तुम हंसोगी, मगर सच्चाई ये है
कि सागर किनारे की फेंसिंग मैंने
अपने ज्योतिषी के परामर्श से बनवायी थी-

(10)

बाबू जी! भारत ही नहीं
सारे विश्व में, भू-मंडल में
कुछ ऐसी घटनाएँ होती हैं
जिनकी व्याख्या नहीं होती
राजीव को यह असाधारण बीमारी है
कि वे नींद में चलते हैं
मगर समस्या तब आती है
जब ऐसी अवस्था में वे कोई
अपराध कर बैठें-

इसलिए तो मैंने अनुरोध किया
कि चाहे तुम पूरे महीने सोती रहो
पूर्णिमा की रात
तुम्हें राजीव के साथ गुजारनी होगी-

उस दिन वह भारत में रहे
या विदेश में
तुम्हें साये की तरह
उसके साथ रहना होगा-
आज राजीव तीस का है
धीरे-धीरे वह इससे
मुक्त हो सकता है
मगर जब तक वह इसकी जकड़ में है
(मेरे मरहूम ज्योतिषी ने कहा था कि)
उससे ऐसी किसी घटना का
जिक्र न किया जाये
तो बेहतर होगा!

(11)

तब से पच्चीस साल गुजर गये
मेरे बुजुर्गों का देहाँत हो गया
मेरे दो बच्चे बड़े होकर
विदेशों में बस गये
राजीव अपने व्यवसाय में
तरक्की की सीढ़ियाँ चढ़ते गये
और आज अपने पिता से
सौ गुनी से भी ज्यादे
सम्पत्ति के स्वामी हैं

मैंने इन्हें डाक्टरों को भी दिखाया
सबने कहा कि ये अनियमितता
वक्त के साथ चली आयेगी
जो नहीं गई
आज भी पूर्णिमा की रात
चर्च में बजता अर्धरात्रि का घँटा
चर्च में नहीं
मेरे तनके भीतर बजता है!

जो मेरे सारे रक्त को खौला देता है
मस्तिष्क को सुलगा देता है
जब बाहर इतनी मनोहारी
चाँदनी फैली रहती है
मेरे मस्तिष्क से धुएँ का
गुबार-सा निकलता है
मेरे साथ, मेरा चिरन्त साथी,
मेरा समुद्र भी पागल हो जाता है!

(12)

जो सावधानी मेरे सास-ससुर करते थे
उसके अतिरिक्त मैंने कुछ और सावधानियाँ
वैज्ञानिक दृष्टिकोण से कर ली हैं
विदशों में प्रायः इनके
प्रतिनिधि जाते हैं
व्यापारिक समझौते के लिये-
वैसे भी इन्हें घर के अलावा
कहीं अच्छा नहीं लगता-

एक बार सागर की लहरों की
टक्करों से चारदीवारी का कुछ हिस्सा
जमीन पर आ गिरा, जिसे मैंने
दो दिन, तीन रात खुद खड़े रहकर
दुरुस्त करा दिया
राजीव चकित थे कि मुझे क्या हुआ?
उन्हें कैसे बताती
कि उनके स्वर्गीय पिता का मुझे निर्देश है
कि यह बाउन्ड्री राजीव के
जीवन की गारंटी है

मैं शुरू से ही विज्ञान की छात्रा रही,
इस विषय को वर्षों मथा मैंने

मगर इसका कोई हल
मुझे विज्ञान में नहीं मिला
कि क्यों राजीव पूर्णिमा की रात को
अपनी नींद छोड़कर बाहर
चल निकलते हैं
किसी अन्य रात्रि को क्यों नहीं?

(13)

सब जानते हैं कि आकाशीय पिंड
परस्पर आकर्षित होकर गति करते हैं
पूर्णिमा को पृथ्वी का उपग्रह चाँद
गति करते हुए उसके सबसे निकट आता है
दोनों एक-दूसरे को गुरूत्व-बल से खींचते हैं
चूंकि पृथ्वी पर प्रचुर जल है
जो दूर होने के कारण
गुरुत्वाकर्षण कर अनुभव कर
चन्द्रमा की ओर जाना चाहता है
मगर पृथ्वी का गुरूत्व उसे जाने नहीं देता।
इसलिए पूर्णिमा की रात समन्दर में
तेज ज्वारभाटे होते हैं
तो क्या मानव मस्तिष्क के द्रव में भी
ऐसे ही सूक्ष्म ज्वार भाटे उठकर
न्यूरान्स की गति को विचलित करते हैं
किन्तु यदि ऐसा होता
तो मात्र राजीव के साथ क्यों होता है,
मेरे साथ कभी क्यों नहीं हुआ?

क्यों पूर्णिमा की रात को अपराध
अन्य रातों की तुलना में काफी होता है
साफ जाहिर है कि,
आकाशीय पिंडों के गुरुत्वाकर्षण का
मानव के मस्तिष्क द्रव की गति से

कोई-न-कोई सम्बन्ध जरूर है
भले ही हम आज उसे
व्याख्या न कर सके।

(14)

कुछ भी हो, पूर्णिमा को
राजीव आज भी मध्य रात्रि घँटे की आवाज
निद्रा में भी पहचानते हैं
यदि वे नहीं उठते तो बेचैन रहते हैं,
यदि उठते हैं तो एक चक्कर लगाकर लौट आते हैं
पार्टी में निद्रामग्न हो जाते हैं
यदि मुम्बई के बाहर होते हैं
तो चर्च का घँटा ही नहीं सुनते।

एक और संजय

(1)

पृथ्वा से ढाई हजार प्रकाश वर्ष दूर
एक सितारा है,
जो भारत के ठीक ऊपर है,
उसकी कक्षा, गति, परिभ्रमण काल,
पृथ्वी के समान है
इसका आकार,
पृथ्वी से एक लाख गुना ज्यादे,
होने पर भी ये नंगी आँख से,
यहाँ नहीं दिखता-

भारत के ठीक ऊपर होने के कारण,
हम इसका नाम,
इंडिका रख लेते हैं:-
टेलीस्कोप से देखने पर ये
बहुत चमकीला दिखता है,
ऐसा लगता है कि इंडिका पर,
कार्बन डाइ ऑक्साइड बहुत ज्यादे है,
जिसने इसका तापमान बढ़ाकर,
इसे परावर्तक आईना-सा बना दिया-

कुरु-क्षेत्र के निकट मेरे गाँव में
घर के ऊपर मेरी प्रयोगशाला है,

जिसकी छत पर टेलीस्कोप लगाकर
मैंने वर्षों अन्तरिक्ष की छाती पर बैठकर
उसके कोशिकाओं, रोमकूपों,
उसके पिंजर का अध्ययन किया है,
और दिन में कुरु-क्षेत्र जाकर,
अपने छात्रों से इन अनुभवों को वितरित किया।

(2)

एक माह पूर्व टेलीस्कोप में अतिरिक्त रूप से
लगाये गये सेंसरों से मैंने
चीख-पुकार की आवाजें सुनी,
इंडिका परार्वतक दर्पण की भाँति
यथावत् चमक रहा था,
किन्तु दो रोज बाद मैंने
इंडिका से परावर्तित होकर आते,
कुरु-क्षेत्र के सूने मैदान को देखा-

नहीं-नहीं,
ऐसा नहीं हो सकता,
मैं निश्चय ही टेलीस्कोप देखते वक्त,
सो गया था और,
सपना देख रहा था,
अन्यथा ऐसा कैसे हुआ?
मैंने अपने मित्र भौतिक शास्त्री,
सचदेवा से बात की।

सचदेवा ने बताया
कि परावर्तन से ऐसा संभव है,
लेकिन तारे से परावर्तन की
यह पहली घटना है-
मैंने सचदेवा को टेलीस्कोप दिखाया,
अब सूने पड़े कुरु-क्षेत्र के अतिरिक्त,
सेंसरों से घर घराहट भरी मानवीय आवाजें,
साफ सुनायी देने लगी।

(3)

अगले दिन मेरे और सचदेवा के,
आश्चर्य का ठिकाना न रहा,
जब हमने देखा-
कुरु-क्षेत्र के मैदान पर,
दो सेनाएँ महायुद्ध के लिए
सन्नद्ध खड़ी हैं-
इंडिका पाँच हजार साल पहले के
महायुद्ध के दृश्यों को परावर्तित कर रहा था-
हमने फिल्म बनाना शुरू कर दिया-

रथों पर फहराती पताकाएँ,
लगाम चबाते घोड़े, चिंघाड़ते हाथी,
वीरों की हुंकार भरी गर्जनाएँ,
शिरस्त्राण की बजती घँटियाँ,
सेनाओं के गिर्द घूमते सियार, कुत्ते,
आकाश में नीचे उड़ते, चील, गिद्ध और कौए
कहीं कोई संशय नहीं-
युद्ध की भेरी बज उठी।

इतने में एक रथ निकलकर
बीच मैदान में खड़ा हो गया-
महारथी नीचे उतरा - यह अर्जुन होगा,
सारथी भी नीचे आकर
महारथी से बात करने लगा-
सेंसरों से धीमी लेकिन,
स्पष्ट आवाज गूंजी,
''अर्जुन-

(4)

मायाकृत मानव के लिए न्याय का औचित्य नहीं,
करुणा सबको नहीं, पात्र को चाहती है,

पुरुषार्थ को अतिक्रमण करनेवाली करुणा
कुत्रिमता, भावुकता, भयप्रदता, कायरता की प्रेरक है,
भक्ति एवं कीर्त्तन नहीं, विश्वास जरूरी है,
अन्तरंग संभावना की तलाश, जरूरी है,
और जरूरी है सत्संग,
ये दलित, पीड़ित प्रजा पुकारती है,
मानवीय गरिमा के हित गाँडीव संचालित करो-

गीतोपदेश चलता रहा,
हम सुनते रहे, फिल्माते रहे,
आखिर को हमने प्रभु के,
विश्वरूप को देखा-
अर्जुन रथ पर चढ़ा, पाँचजन्य बजा,
गाँडीव की प्रत्यंचा कसी
और पाँच-पाँच तीर गुरु पितामह के
पैरों पर नतमस्तक हुए।

महायुद्ध शुरू हो चुका था!
कौन हारेगा, कौन जीतेगा,
यह बाद का प्रश्न है-
मैंने और सचदेवों ने घायल अंगों को नोचते
पशु-पक्षियों को संघर्ष देखा,
घायलों की विकल चीत्कार और
धीमे-धीमे निकलते प्राणों का करुण क्रन्दन सुना,
यह युद्ध का विरोधाभास है-

मानव गरिमा के निर्माण में,
मानवीय गरिमा का,
पैरों तले कुचला जाना-

(5)

हम महाभारत के युद्ध की
पृष्ठभूमि का पुनरावलोकन

करने को मजबूर हो गये-
क्या वास्तव में कौरव इतने आततायी,
अधर्मी, प्रजापीड़क, अन्यायी थे,
कि अर्जुन जैसे भावुक, तेजस्वी व्यक्ति को,
गाँडीव थामना पड़ा,
और अज्ञातवास में नपुंसक बनकर,
वृहन्नला के रूप में नाचना पड़ा?

इतने शक्तिशाली, सम्प्रभु कौरवों द्वारा
घुटने टेककर मौत के वरण से
क्या ये नहीं लगता,
कि एक अकेले कृष्ण ने,
चाहे उसे प्रभु कहो या कुछ और,
उत्कृष्ट मानव कहो या छलिया,
काल की गति को
पाण्डवों के इतिहास की धारा में
समाहित कर दिया।

आठवें दिन शिखण्डी के बहाने भीष्म पितामाह,
शर-शय्या पर आ गिरे या उन्होंने स्वयं
अपने काल का वरण किया-
द्रोणाचार्य का अधर्म से वध,
कर्ण का निहत्थे वध,
क्या अभिमन्यु के वध का प्रतिशोध है,
या खुद के बनाये नियमों को
तोड़ने का आरम्भ हुआ भारत में?
मानव के भीतर बैठे बर्बर पशु को
इतना नग्न होकर नृत्य करते
कभी नहीं देखा हमने।

(6)

सचदेवा ने संकेत किया,
युद्ध भूमि में घायलों, पशु-पक्षियों का चीत्कार,

और 18वें दिन शाम की प्रबल आँधी ने
राजमहल के सारे दीपक बुझा दिये,
सूने राजमहल के एक कोने में,
फूट-फूट कर रोते वृद्ध धृतराष्ट्र, गाँधारी,
साँत्वना देने संजय और विदुर,
दुर्योधन को खोजते पाण्डव
प्रतिशोध की आग में जलता द्रोण पुत्र अश्वत्थामा।

इन 18 दिनों में दोनों ने
संबंधों को बार-बार रौंदा,
किन्तु कौरव मानवीय गरिमा को
तार-तार कर चुके थे,
उसी गरिमा की भस्म ने अजगर बन
दुर्योधन के तन को अपनी
लपेट में जकड़कर तोड़ दिया-

फिर भी उस रीढ़ विहीन मानव ने
सेनापति के रूप में
गुरु द्रोण के पुत्र अश्वस्थामा का
उद्घोष कर दिया-
कुछ पल बाद उसके तन को,
सियार, गीधों ने कंकाल बना डाला
और अश्वस्थामा द्रौपदी पुत्रों का वधकर,
शापित होकर चला गया।

(7)

इंडिका! तुम कैसे यह सब
चुपचाप अपनी
चमकीली आँखों से
देखते रहे-
तुमने कृष्ण को दिये
गाँधारी के शाप को

कृष्ण की स्वीकृति को,
जरूर सुना होगा।

सेंसरों से जनाना आवाज कड़कती है
"कृष्ण! तुम चाहते
तो यह युद्ध नहीं होता,
मेरे पुत्र अधर्मी थे,
पर तुमने भी तो अधर्मरत पाँडवों का साथ दिया,
मेरे पुत्र पशुओं की भाँति मरे!
तुम भी पशुओं की भाँति मरोगे!"

कृष्ण की आवाज गुंजी-"माते,
तुम्हारा अभिशाप स्वीकार है।"
गाँधारी
फूट-फूट कर रोने लगी!
"यदि अनिवार्य न होता
तो निश्चय ही माते
यह युद्ध नहीं होता!
काल की अवरुद्ध गति ही
युद्ध का कारण है।"

(8)

18 दिनों तक मेरे ही तन पर
मेरे 18 अक्षौहिणी रूप लड़े
हर सैनिक पर हुए आक्रमण को
मैंने ही अपने तन पर सहा
शर-शय्या पर भीष्म नहीं,
मैं ही दम तोड़ रहा हूँ
मेरी ही जंघाएँ भीम ने तोड़ दी"
मैं ही अश्वस्थामा-सा निर्वासित कर दिया गया।

"आँखों से पट्टी खोलकर
एक बार, मुझे देख लो माते!

मेरी पीड़ा कम हो जायेगी,"
गाँधारी चीत्कार करती है
"मैं नहीं देख सकती,
इन दिनों जो भी देखा मैंने
उसे फिर नहीं देख सकती।
मुझे क्षमा करो पुत्र।
मुझे क्षमा करों।"
गाँधारी को विलाप करते देख,
हमारी साँसे थम गयीं।
हमने अपनी आँखें हटा लीं।
इंडिका। तुमने यह क्या किया?
जिस दृश्य को,
कोई देखना ही नहीं चाहता,
उसी को मुझे और
सचदेवा को दिखा दिया।

(9)

सचदेवा ने साफ कर दिया,
कि ऊर्जा कभी नहीं मरती।
युद्ध के ये दृश्य प्रकाश ऊर्जा के रूप में
इंडिका तक गये होंगे,
जहाँ से परावर्तित होकर ये फिर से
पृथ्वी पर दिखायी दिये,
ये कोई आश्चर्य नहीं।

अब हिम्मत नहीं कि इसे देखूं-
मैं अनुमान लगा सकता हूँ,
कि 19वें दिन से क्या होगा?
सामूहिक दाह, क्रन्दन करती विधवाएँ,
पट्टी बाँधे सैनिक समूह
गले हुए अंगों-सा बजबजाता कुरु-क्षेत्र,
वन में आग की लपटों से घिरे,

विदुर, कुंती, गाँधारी, धृतराष्ट्र,
और नतसिर पाँडव राजे।

सचदेवा सहमत था कि दोबारा,
वही जिज्ञासु, तेजस्वी, भावप्रवण,
अर्जुन अब नहीं दिखेगा-
लाँछनों से जर्जर भीम की उच्छृंखलता,
नकुल, सहदेव का सौहार्द,
और युधिष्ठिर की विचार शक्ति-
सब-कुछ इस महायुद्ध ने
हमसे छीन लिया।

(10)

वर्षों तक सावन में बरसते मेघ,
अमराई में लड़कियों को झूलने के लिए
प्रेरित नहीं कर सकेंगे-
पुरुषों के अभाव में
अब औरतें ही खटेंगी,
एक पुरुष के दस-दस स्त्रियाँ होंगी,
जाने कितने वर्षों बाद पुनर्निर्माण आरम्भ होगा।

अब और नहीं देख सकते हम
युद्ध के ये दृश्य-
यह सोचकर हम दोनों,
काँप उठे कि हमारे इतने पास
कभी यहाँ भूचाल आया था,
जिसके नीचे सारे सत्य,
सारी मार्यादा और गरिमा,
दफन हो गयी।

आनेवाले नस्लें,
अपने स्वार्थों के वशीभूत होकर,

इसी तरह,
अपने ही बनाए नियम तोड़ेंगी,
और हम सब,
भीष्म, द्रोण, गाँधारी, युधिष्ठिर की भाँति,
बिना कोई प्रतिकर किये,
देखते रहेंगे।

उड़न तश्तरी

(1)

मेरे घर के पिछवाड़े
ईसाइयों की सेमेट्री है
चारों ओर चारदीवारी से घिरा
बहुत बड़ा मैदान है
कंकरीली अनुपजाऊ मिट्टी
अमलतास, नीम और सैंजन के हजारों पेड़
काफी दूरी पर एक मकान
गजब की मनहूसियत!

अभी मैं बत्तीस बरस की हूँ
जब पिछले बरस मेरे
पति का देहान्त हो गया-
आठ बरस का बेटा दीपक
जब सो जाता था
मुझे समय काटने को दौड़ता था
टीवी, मैगजीन्स कभी मेरा
अकेलापन नहीं भर पाये!

दीपक के जन्म के पहले ही
अमने यह मकान खरीदा था
कितने खुश थे मेरे पति
मैंने सेमेट्री का हवाला दिया

तो बोले कि इसी कारण तो
ये मकान सस्ता मिल गया
बेशक खिड़कियाँ सेमेट्री की तरफ है
मगर हवाएँ तो आती हैं

(2)

बिल्कुल अलग सोच थी उनकी
कितना लगाव था सेमेट्री से उन्हें
कहते थे कि ये अंग्रेज
जो यहाँ सो रहे हैं
सबके सब महान् सैनिक थे
जो 1857 की लड़ाई में
देसी फौज के हाथों
शहीद हुए थे-

उनका कहना था कि मृत
जीवित की तुलना में कम खतरनाक हैं
क्योंकि जीवित को
गिरने के अवसर प्राप्त हैं
मृतक की गिरावट तो मरते ही रुक जाती है-
कि जहाँ मरघट या कब्रिस्तान है
वह शिव का निवास है

मुझे यह कभी अच्छा नहीं लगा-
मैं दावा तो नहीं कर सकती
मगर दिल के किसी कोने में
एक शिकायत दबी है मेरे
कि मेरे पति की सड़क दुर्घटना में
इस सेमेट्री का कुछ-न-कुछ योगदान जरूर है
मगर वे मरने के बाद भी
पूर्व जैसे थे- सरल हंसमुख, जोकिंग!

(3)

पिछले पाँच वर्ष से
सेमेट्री मेरे जीवन का
हिस्सा बन गयी
हम आज भी खाने के पहले
समस्त प्राणियों के भोजन के निमित्त
कुछ ग्रास खाद्यान्न लेकर
उन्हें अर्पित करते हैं
तब खुद खाते हैं-

यह व्यवस्था उन्होंने मुझे
मनोवैज्ञानिक भय, अलगाव, संत्रास से
बाहर निकालने के निमित्त
की होगी, हालाँकि ऐसा
उन्होंने कुछ नहीं कहा,
यह उनकी मानसिक प्रक्रिया थी
इसी कारण कभी-कभी उनके कार्यों की
कोई वजह नहीं मिलती थी।

आज सेमेट्री हमसे पृथक् नहीं
हमारे परिवार का अंश है
वह भय या त्रास की नहीं
सम्मान या मनोरंजन का साधन है
दीपक के सो जाने के बाद
मैं घँटों देखती रही हूँ
नीम रोशनी में हिलते सैंजन पेड़
एकाँत मकान के बरामदे में टिमकता बल्ब, सन्नाटा-

(4)

कभी-कभी मुझे भय लगता था
लेकिन सेमेट्री से मेरी
एकात्मकता ज्यादे मजबूत थी
सेमेट्री के कोने पर बने
घर में कुछ लड़के-लड़कियाँ

अक्सर चाँदनी में बाहर निकलते थे
लम्बे, चौड़े, गोरे-चिट्टे अंग्रेज
शाँत, स्तब्ध भाव से प्रकृति को निहारते-
पूरे चाँद की एक रात
इसी उजाड़ मकान के पास
अकस्मात् तेज हवाएँ चलने लगी
कंकरीली धूल का उठा गुबार
जब थमा तो लगा कि इस मकान का
कुछ हिस्सा नया बन गया हो
एक गोलाकर विराट् चबूतरा
एक क्षण में मकान से सट गया

वे शाँत स्वभाव के लड़के-लड़कियाँ
अब कुछ चहकने लगे
अकस्मात मैंने खिलखिलाहट की आवाज सुनी
मैं अवाक् रह गयी-
इस आवाज को मैं पहचानती हूँ
क्या यह मेरे पति की आवाज है?
इसे बारह वर्ष सुना है मैंने
और आज मरने के साल भर बाद भी-

(5)

लेकिन ये कैसे हो सकता है
मृत व्यक्ति की आवाज कैसे
सुन सकती हूँ मैं-
मैंने खिड़की से आँखें लगा दीं
फिर एक अट्टहास गूंजा
यह निश्चय ही उनकी आवाज है
तो साल भर पहले क्या
धोखा हुआ था मेरे साथ?

मेरी गोद में रखा उनका मृत शरीर
क्या किसी और का था?
नहीं-नहीं, वह सच था
तो फिर सच ये भी है-
तो फिर मैं क्या करूं?
क्या मैं सेमेट्री जाऊं
या फिर कुछ प्रतीक्षा करूं
इसकी तसदीक करनी होगी।

सारी रात मैं सो नहीं पायी
सुबह दीपक को स्कूल भेजा
मैंने बाजार से एक
दूरबीन खरीदी और
सेमेट्री को दिन में देखा
तो रात के आश्चर्य की पुष्टि हुई
उस मकान से सटी तश्तरीनुमा
आकृति खड़ी थी जो पहले नहीं थी

(6)

निश्चय ही इस उड़न तश्तरी से
कुछ लोग रात में आये होंगे
मगर वे फिर पृथ्वी के
हरजिग नहीं होंगे
तब फिर रवि की आवाज को
कैसे कापी कर लिया उसने
नहीं, नहीं, ये नहीं हो सकता
आज रात फिर देखूंगी उन्हें -

रात हुई, दूरबीन लेकर
मैं खिड़की पर बैठ गयी।
आधी रात को चहल-पहल
फिर वहीं हंसी
मैंने गौर से देखा
रवि का कद, वही तन

वही बिंदास भाव, वही चश्मा उतारकर
उल्टे हाथ से आँख पोछने की आदत-

मैंने कितनी ही रातें खिड़की पर
जागते हुए काट दी
अब इसमें मुझे कोई शक नहीं
कि रवि अभी जीवित है-
रवि अंतरिक्ष वैज्ञानिक था
मुमकिन है किसी गुप्त मिशन के लिए
उसने अपनी मौत का
नाटक रचा हो-

(7)

एक प्रश्न मगर अब तक
मेरे मस्तिष्क में अनुत्तरित था
इतने करीब रहकर उसने
सम्पर्क नहीं किया हमसे-
यदि आने में कोई मुश्किल थी
तो कम-से-कम मेरा
मोबाइल फोन ही खड़का दिया होता
दिमाग भन्ना गया-

कई रातों की अनसोयी मैं
बिस्तर पर निढाल होकर गिर गयी
आखिरकार तो वह आया
ठीक मेरे करीब, वैसे ही हंसता
मैं उसकी बाहों में बेसुध हो गयी
वैसे ही हाथों के गर्म स्पर्श
वैसा ही उन्मुक्त अंदाज
वही कौशल, वही संचालन!

सुबह उठकर देखती हूँ
मन विस्मय से भर जाता है
सब-कुछ अस्त-व्यस्त
भीगा बिस्तर, ठंडी हवाएँ
मैंने कुंडी खोलकर देखा
सूरज की साफ सुथरी किरणों ने
वृक्षों पर पड़कर जैसे
अस्तित्व का आभास दिया!

(8)

अकस्मात् मैं चौंकती हूँ-
मेरे ईश्वर
घर की कुंडी रात को
मैंने ही बंद की थी
और अभी-अभी
मैंने ही खोली थी
तब रवि कैसे आया था रात
और सुबह कैसे गया!

यदि रात को कुंडी भूलवश
खुली छूट गयी
और रवि आया
तो उसने बंद की होगी
मगर घर का कोना-कोना छान मारा
रवि नहीं था वहाँ
मगर यदि प्रातः वो चला गया
तो कुंडी किसने बंद की थी?

आज मैंने निश्चय कर लिया
कि जब आधी रात के
कुछ पहले जब ये लोग
बरामदे में आयेंगे
तो मैं सेमेट्री के मुख्य द्वार से

भीतर जाकर रवि से मिलूंगी
वह चाहे जो भी हो
मुझे अपनी ओर खींचता है-

(9)

यह ठीक है कि रवि
अभी तक अनाड़ी है
क्यों कि ज्यादेतर पुष्प
ऐसे ही होते हैं
मगर फिर भी यह उसका दोष नहीं
दोष उसके परिवेश का है
उसका परिवेश ही ऐसा था
जिसमें वह समाज से नहीं घुल पाया-

यौवन के वे वर्ष, माह, दिन
जिनमें मानव सामाजिक बनता है
उसने रात-रात भर जागकर
फिजिक्स और मैथ्स के नाम
कुर्बान कर दिये थे
सामाजिक होने के नाम पर
वह अभी तक एक बच्चा था
जिसे मेरी जरूरत है!

मेरे सारे वर्ष सुख के नहीं थे
कितनी बार मेरा झगड़ा हुआ
उसने मुझे धिक्कारा, हाथ उठाया
मैंने प्रताड़ित किया उसे
मगर वह पीड़ा सहकर भी अपने
लक्ष्य से डिगा नहीं कभी
न ही मैंने कभी उसमें
ऊर्जा का ह्रास देखा-

(10)

वह नौकरी और किताबों के अलावा
कुछ नहीं जानता था
मैं उसकी मूर्खता पर खीजती थी
रोती थी, उसे टोकती थी, चिढ़ाती थी
उसे उस रास्ते पर ले जाने की
कोशिश करती थी,
जो मेरे हिसाब से सही था
मगर वह विचलित नहीं हुआ-

वह स्वीकार लेता था
कि उसे लोगों के व्यवहार की समझ नहीं
जीवन बहुत छोटा है
इसे समझने में बहुत ऊर्जा व्यय होगी
मुझे लक्ष्य तक जाने दो
तुम यदि मेरी सहायता न कर सको
तो कम-से-कम
उसमें बाधा न दो-

मैंने बहुत बाधा दी रवि
तुम्हारा लक्ष्य बहुत ऊंचा था
मेरा लक्ष्य तुम थे
तुमने मुझे समझने की
चेष्टा भी तो नहीं की
फिर भी तुम सलीके से रहो
स्वस्थ और खुश रहकर लक्ष्य तक पहुंचो
मात्र यही तो मेरा लक्ष्य था-

(11)

तुमने अपना लक्ष्य पा लिया रवि
तुम मेरे पास रहो

या मंगल ग्रह पर
कितने भी रूप बदलो
मुझे छल नहीं सकते
मैं हर रूप में तुम्हें पहचान लूंगी
और आज कोई भी शक्ति
मुझे तुमसे मिलने से नहीं रोक सकती!

आज अमावस्या की रात तारों की छाँव में
मैं अपने हाथ में
शक्तिशाली टार्च लिये
घर से बाहर निकली निःशब्द
मैंने बाहर से ताला लगाया
और सड़क पर चल पड़ी
मुझमें एक आक्रोश था
एक जिजीविषा थी-

मुझे आक्रोश था
कि इतने दिनों तक रवि
अपने घर पर नहीं आया
मुझको इतना प्यार करनेवाले
तुम उस बच्चे को भी
एकदम भुला बैठे
जिसके लिए तुम कहते थे
मैं दीपक के रूप में जीवित रहूँगा!

(12)

काँपते हाथों से मैंने
सेमेट्री के मुख्य द्वार की कुंडी खोली
और डगमगाते कदमों से
उस कंकरीली रास्ते पर चल पड़ी
जो एकाँत मकान की ओर जाता था

और जिसके सायबान में
मरियल-सा बल्ब जला करता था-
अंधेरा जैसे गाढ़ा होने लगा-

तेज हवायें चलने लगीं
धूल का घना गुबार
मेरे करीब मंडराने लगा
भारी शक्तिशाली यंत्र के चलने की
गंभीर घरघराहट सुनाई दी
उस अकेले मकान के सायबान में
जलता बल्ब अपनी डोर के साथ
पेंडुलम-सा झूलता, फीका-सा दिखा-

दस मिनट यह चला
धूल का गुबार और ऊपर उठ गया
सेमेट्री के झूमते पेड़ों की
गति सामान्य-सी हो गयी
उस मकान के पास
जो चबूतरा बन गया था अकस्मात्
उस रात में
अब वहाँ नहीं था!

(13)

सामान्य होने में दस मिनट और लगे
मैंने आगे बढ़कर
कालबेल पर हाथ रखा
भीतर कोई आवाज नहीं आयी
मैंने तीन बार दस्तक दी
कोई प्रतिक्रिया नहीं हुई मुद्दत
ऐसा लगता था कि मुद्दत से
कोई यहाँ नहीं रहता!

भयभीत-सी मैं लौट पड़ी
बरामदे के बाहर मैंने
जैसे ही कदम रखा
मेरी निगाह अपने घर की
खिड़की की ओर उठ गयी
मेरी सिसकारी निकल गयी
कौन खिड़की से दूरबीन लगाकर
सेमेट्री की ओर देख रहा है!

जब मैं चली थी
दीपक सोया पड़ा था
इतनी गहरी नींद
आती है उसे
कि नगाड़े बजाने पर भी न खुले
फिर कौन इधर देख रहा है
मैं लगभग दौड़ती-सी
सेमेट्री गेट से बाहर निकली-

(14)

मुझे याद नहीं कि कैसे
घर के मुख्य द्वार का
ताला खोलकर मैं भीतर घुसी
अंदर कमरे में दीपक
मेरी प्रतीक्षा कर रहा था
मैने उसे गोद में उठा लिया
और फूटफूटकर रोने लगी
दीपक मौन मेरी आँखें पोछने लगा -

"वो चला गया दीपक
वो चला गया
कभी लौटकर नहीं आयेगा वो
वो चला गया बेटे"
मेरी हिचकियाँ बंध गयीं

आज मेरा धैर्य टूट गया था
लगता था किसी तेज धार चाकू ने
मेरे कलेजे को छलनी कर दिया-

''वो कहीं नहीं गया मम्मी
यहीं पर कहीं हैं पापा
उन्हें गोद में उठाकर भी
आप पहचान नहीं पायीं''
बच्चे से यह सुनकर
मैं अवाक् रह गयी
यह तो ठीक
रवि की भाषा बोलता है!

(15)

''मैंने आपको कई रात
खिड़की पर बैठा देखा
नींद में बोलते सुना आपको
रवि की हंसी, रवि की बातें
आज फिर मेरी आँख खुली
उस तेज अंधड़, हवा, पेड़ों की खड़ख़ड से
आप यहाँ नहीं थीं, दूरबीन थी
मैंने लगाया तो आपको देखा''!

भाग-3

रचना प्रक्रिया एवं विवेचन

कम्प्यूटर विज्ञान कथा कविताओं के पाण्डुलिपियों में फाइलों में मिलते हैं। इस [illegible] में वर्ष 1996 में प्रकाशित हेमन्त द्विवेदी कृत काव्य संग्रह 'बोलो हर बोलो' की कविता 'मेरा हैलो शहर' (1985) तथा [illegible] 1994 एवं पुनः 199[illegible] में प्रकाशित हेमन्त द्विवेदी कृत काव्य-संग्रह 'ऑनलाइन' की कविताएं [illegible] गयी। ऑनलाइन में कविताएं उल्लेखनीय हैं।

'मेरा हैलो शहर' जहाँ प्रकाश एवं ध्वनि [illegible] पर है, वहीं [illegible] में पृथ्वी के नक्शे के माध्यम से अंतरिक्षीय संवाद को विभिन्न कोणों से प्रदर्शित किया गया है। [illegible] के माध्यम से [illegible] प्रतियोगिता की [illegible] और आगामी [illegible] कथात्मकता के माध्यम से नये वैज्ञानिक तथ्यों से रूबरू [illegible]

लेकिन इनमें कोई संदेह नहीं है, कि [illegible] कैसा कुलीनत्व नहीं। वस्तुतः ये परम्परागत कविता के अर्थ में भी एक नया कथ्य खोजने की दिशा में एक प्रयास था। लेकिन [illegible] हिन्दी विज्ञान कथा कविता [illegible] सुषुप्तावस्था में पड़ी रही थी। इस विधा को पुनर्जीवित होने में अभी कुछ समय लगना था। अंकुरण का वह समय आया 14-16 नवम्बर, 2009 में औरंगाबाद, महाराष्ट्र में आयोजित विज्ञान कथा लेखक संघ के अधिवेशन में, जहाँ इस लेख के प्रस्तुतकर्ता द्वारा 'साइन्स फिक्शन पोएट्री एण्ड हिन्दी लिटरेचर' विषय पर एक प्रस्तुतीकरण किया गया। इस शोध के पश्चात विज्ञान कथा लेखकों द्वारा नवीन आयाम कहकर सराहा गया।

उपरोक्त प्रस्तुतीकरण में हिन्दी विज्ञान कथा के अन्तर्गत विजय मोहन तिवारी की कविता [illegible] तथा हेमन्त द्विवेदी की कविता 'सृजन' प्रस्तुत की गयी थी। वर्ष 2009 में ही लिखी गयी किन्तु वर्ष 2010 में हिन्दी वेब पत्रिका [illegible] में प्रकाशित हेमन्त द्विवेदी की कविता 'प्रकृति और हम' को लगभग 2000 पाठकों द्वारा ऑनलाइन पढ़ा गया। 20 लाइनों की यह कविता इसके वेब पत्रिका पर उपलब्ध है, जिसे यहाँ प्रस्तुत किया जा रहा है।

[illegible] (हेमन्त द्विवेदी)

प्रकाशपुंज के छोर से तीव्र प्रवाह,
[illegible]
हिमाच्छादित [illegible] शिखर [illegible]

सायफायकू (विज्ञान कथा हाइकू)

चेतना-
मस्तिष्क की खिड़की में
विचारों की
सैर!

विमान-
पृथ्वी एक विमान
जिस पर सवार
दुनिया सारी!

पनचक्की-
पानी का उद्दाम आवेग-
पनचक्की का मधुर संगीत-
ऊर्जा कभी बेकार नहीं जाती!

अनिश्चय-
ब्रह्माण्ड में
कुछ भी नियत नहीं
सिवा इस कथन के!

पेंडुलम-
पेंडुलम जैसा ही जीवन
एक कोने से दूसरे कोने तक-
वैसा ही बैटरी चुक जाने पर उसका रुक जाना!

मानवता-
तुम कभी देखोगे
रोबाट को पढ़ाते हुए
मानवता का पाठ!

जीवन-
तालाब में पत्थर गिरने पर
तरंगो का नर्तन -
जीवन की भाँति!

निरपेक्षता-
कुछ भी निरपेक्ष नहीं-
टिमटिमाते तारे
बिना प्रकाश के दमकता चाँद!

चाँद-
तुमने चाँद पर कदम रखा
हमने चाँदनी को
पैरों तले कुचल डाला!

क्रिकेट-
कुछ दिन बाद देखोगे
रोबोट्स की टीम को
क्रिकेट खेलते हुए!

भस्मासुर-
भस्मासुर-
निर्णय लेनावाला
रोबोट !

शब्द-
गैस के अणु जैसे
मस्तिस्क में तैरते शब्द-
पकड़ नहीं पाता सब!

वायुदाब-
प्रकृति का दबाव न होता
तो मानव का
अस्तित्व नहीं होता!

मृगतृष्णा-
मृगतृष्णा
गतिशील
तो रखती है!

आकाशीय पिंड-
निश्चित दूरी पर
रहकर ही क्या
प्यार होता है?

पीड़ा-
ताप बढ़ने पर
विस्तार पाता द्रव्य-
तो क्या पीड़ित होने पर मानव?

पुत्र-
क्लोन बन सकता है
मगर
बटा नहीं !

शुक्र-
गैस के गुब्बारे-
क्यों लगते हो
मुझे जन्म से!

छत-
तारों भरे आसमाँ-
कभी मैं तुम्हें घर की
छत समझा था!

कैक्टस-
प्रकृति ने
तुम्हारे काँटों में भी-
रूपाकार भर दिया!

ईश्वर-
किस बेला में तुमने-
आसमाँ की मणियों के
प्याले को उलट दिया!

कुछ और सायफायकू

माध्यम-

माध्यम बदलने पर
चीजें बदल जाती हैं-
जैसे जल में प्रकाश किरणों का अपवर्तन!

सापेक्षता-

बूढ़े का एक मिनट
हाइकू का एक घँटा
बराबर है।

मगरूर-

काश! न्यूटन का सेव
किसी मगरूर के
सिर पर गिरा होता!

भूख-

आविष्कार जैसा है आज
झोंपड़ी से
धुआँ उठना!

चन्द्रयात्री

तुम्हारा एक डग-
हमारी हजारों वर्ष की
काल्पनिक दौड़!

ऊर्जा-

एक जैसे हैं- अणु व मानव
उनके संलयन से ही
कुछ सम्भव है।

चन्द्रयात्री-
तुमने क्यों चाँद पर जाकर
हमारी कल्पना को
रौंद डाला!

एकीकरण-
बल जैसा मानव-
दोनों अब तक
एक नहीं!

विशेषता-
बर्बरता विज्ञान की नहीं
मानव की
विशेषता है!

हेली कामेट-
तुम्हारी प्रतीक्षा में
मैं-
बूढ़ा हो गया हूँ!

सूर्य ग्रहण-
तुम्हारा चन्द्र मिलन
क्यों रोमाँचित करता है
सूर्य!

चमत्कार-
उड़ता लड़ाकू विमान
विज्ञान का चमत्कार
और मेरी धीमी होती साँस!

क्रिकेट मैच-
कभी तुम देखोगे
चाँद पर चल रहे
क्रिकेट मैच का नजारा!

साइबर संसार-

छोटे से साइबर संसार में भी
संगठित रह पाना
कितना मुश्किल!

दिमाग-

दिमाग एक मशीन है
जिसका काम इसे
मूल प्रश्नों से हटाना है!

कीर्ति स्तम्भ-

हजारों छेनी, हथौड़ी,
जिज्ञासु आँखें, नक्शे, गुफाएँ, ठकठक-
क्या ये उस वक्त का विज्ञान था!

आविष्कार-

बाँस का कटा झुरमुट
हवा ने बजायी बाँसुरी-
आविष्कार और किसे कहते हैं!

प्रतिध्वनि-

जो बोते हैं,
वही
काटते हैं!

विवाह

कभी तुम देखोगे
साइबर-विवाह के पूर्व
कम्प्यूटर पर रोली छिड़कते लोग!

महाभारत-

कुछ हजार प्रकाश वर्ष दूर
दिखेंगे महाभारत के
आत्मघाती दृश्य!

टेलीस्कोप-
संजय!
धृतराष्ट्र के
टेलीस्कोप!

लंकादहन-
युद्धक विमान की
विस्मयकारी
मिसाइलों का परिणाम!

मंगल-
गैरिक वस्त्रों के कारण तुम
लाल तो नहीं दिखते
कहीं?

खतरा-
ओजोन की साड़ी में
बार-बार जिस्म छिपाती
पृथ्वी!

मानव-
फुटबाल पर चलती चींटी
जैसे पृथ्वी पर विचरता
मानव!

जीवन-
आकाशीय पिंडों के
आकर्षण में छिपा
अस्तित्व!

भाग्य-
बिना प्रकाश के चमकता चाँद-
कुछ लोग निश्चय ही
भाग्यशाली होते हैं!

परिशिष्ट

विज्ञान कथा काव्य के जरिये वैज्ञानिक दृष्टिकोण का प्रसार—एक अभिनव पहल

विज्ञान कथा काव्य के जरिये वैज्ञानिक दृष्टिकोण का प्रसार—एक अभिनव पहल

साराँश

वैज्ञानिक उपलब्धियों को आम जन तक संचारित करने साथ ही यह भी आवश्यक है कि उनमें वैज्ञानिक दृष्टिकोण का भी विकास किया जाये। इसलिए विज्ञान संचार का उद्‌देश्य महज वैज्ञानिक जानकारियों से आम लोगों का परिचय कराना ही नहीं है बल्कि उन्हें वैज्ञानिक पद्धति और वैज्ञानिक नजरिये से विभिन्न विषयों, समस्याओं की परख और तदनुसार उनके निराकरण की समझ को भी विकसित करना है। इसके लिए कथा कहानी का माध्यम सदियों से अपनाया जाता रहा है, जिसमें अन्त में कथापात्रों के चरित्र-चित्रण और कथा सूत्र के जरिये नयी-नयी सीखें देने की परिपाटी रही है। आज का युग विज्ञान युग है—विज्ञानजनित लाभ भी हैं तो समस्याएँ भी हैं। विभन्न संचार विधाओं के नवोन्मेषी प्रयोग से वैज्ञानिक मनोवृत्ति के लोगों के दैनन्दिन जीवन में समाहित करने के प्रयास चल रहे हैं जिनमें विज्ञान कथाओं (साइन्स फिक्शन) की भी एक प्रमुख भूमिका है।

विज्ञान कथाओं के जरिये वैज्ञानिक मनोवृत्ति के प्रयास भारत में हुए हैं। इस हेतु दश के विभिन्न भागों में राष्ट्रीय विज्ञान एवं प्रौद्योगिकी परिषद् (विज्ञान एवं प्रौद्योगिक विभाग, भारत सरकार) के तत्त्वाधान में विज्ञान कथा लेखन की कार्यशालाएँ भी आयोजित होती हैं। इसी सन्दर्भ में विज्ञान कथा कविता (साइन्स फिक्शन पोयट्री) के द्वारा भी कुछ विशेष लक्ष्य समूहों में। विज्ञान-संचार एवं प्रकारान्तर से वैज्ञानिक मनोवृत्ति के प्रसार के अभिनव प्रयास की आवश्यकता है, क्योंकि कविता का माध्यम बहुत से लोगों को रुचिकर लगता है और कविताएँ प्रायः अधिक बोधगम्य भी होती हैं। प्रस्तुत शोधपत्र इसी अभिनव पहल पर आधारित है।

परिचय

विज्ञान कथा कविता के आरम्भ का अपना औचित्य है। आज परम्परा से प्राप्त दृष्टि सिमट रही है। नयी दृष्टि अभी ठीक से विकसित नहीं हुई। युवा मानस युग की आपाधापी देखकर भौंचक है। इसे एक दृष्टि चाहिए। नयी पीढ़ी विज्ञान एवं प्रौद्योगिकी की सुविधाओं का उपभोग तो करती हैं, किन्तु उसकी गहराई से परिचित नहीं। यहीं से विज्ञान कथा एवं विज्ञान कथा कविता औचित्य जन्म लेता है। इन्हें पढ़ने से उसका मानस तो किंचित् तृप्त होता ही है, वह भविष्य के विज्ञान के नये चमत्कारों के प्रति सतर्क हो जाता है। अन्ततः इस पूरे चक्र से युवाओं में वैज्ञानिक दृष्टिकोण का प्रसार होता है। इस प्रकार परम्परा से प्राप्त काव्य की तुलना में विज्ञान कथा काव्य युवा मानस को कहीं अधिक सन्तुष्ट करता है। यह विधा महज विज्ञान कविता की विधा नहीं है, जिसमें अमूमन विज्ञान का सीधा अभिधात्मक संचार ही निहित हेतु होता है। अपितु यह भविष्य के विज्ञान के खतरों और नये आविष्कारों की सम्भावनाओं के प्रति भी आम जनों को आगाह करती है और एक तरह के वैज्ञानिक विमर्श को आमन्त्रित करती है। सिक्के के दोनों पहलुओं का अनावरण करती है, जिससे कविता आस्वादन के साथ पाठक खुद को सम्भावित स्थितियों परिस्थितियों के सापेक्ष रखकर विकल्पों का चिन्तन करता है- फलतः वैज्ञानिक सोच की नींव पड़ती है।

विज्ञान कथा कविताएँ इस तरह वैज्ञानिक सोच का परिवेश सृजित करती हैं। इस सम्बन्ध में सुप्रसिद्ध अमेरिकी विज्ञान कथाकार ग्रेग बीयर (2008) का मत है कि वैज्ञानिक विषयों पर कविताएँ विज्ञान कविता की श्रेणी में होना चाहिए तथा काव्यात्मका के अंश के रूप में वैज्ञानिक थीम को काल्पनिक प्रसंगों में प्रयुक्त करनेवाले काव्य को विज्ञान कथा कविता की श्रेणी में रखा जाना चाहिए। किन्तु अन्य विधाओं की तरह इसकी भी स्पष्ट सीमा रेखा नहीं खींची जा सकती।

ऐतिहासिक परिप्रेक्ष्य

विज्ञान कथा कविता का विधिवत् शुभारम्भ वर्ष 1978 से माना जाना चाहिए, जब संयुक्त राज्य अमेरिका की सुजेट हैडेन एल्गिन ने अमेरिका विज्ञान कथा कविता संघ की स्थापना की। इस तर्ज पर 1995 में टाम ब्रिंक ने विज्ञान कथा हाइकू, जिसे उन्होंने सायफायकू का नाम दिया, के आरम्भ की घोषणा की। एल्गिन (1999) विज्ञान कथा कविता को परिभाषित करते हुए कहती हैं कि इस कविता के दो तत्त्व हैं- विज्ञान और कथा यानी नैरेशन। वे आगे कहती हैं कि यह विधा उस यथार्थ को दृष्टिगत रखती है जो मौजूदा यथार्थ से परे हो और यही विज्ञान कथा का भी विवेच्य है।

विज्ञान कथा कविता के एक और सिद्धहस्त कवि ब्रूस बोस्टन (2005) के अनुसार मुख्य धारा की कविताएँ व्यक्तिगत जीवन एवं अनुभव पर आधारित होती हैं। जबकि विज्ञान कथा कविताएँ अनुभव के बजाय कल्पना से अधिक नाता रखतीं हैं। विज्ञान कथा कविता को लेकर एक विवाद यह भी रहा कि केन्द्र में विज्ञान की प्रेरणा से संचालित कथाएँ हों या विज्ञान कथा के साथ फन्तासी, हारर कथाएँ भी सम्मिलित की जायें। ये विवाद नहीं रहा। आज इसमें विज्ञान कथा के अतिरिक्त फन्तासी, हारर कथा, स्पेकुलेटिव, बहिर्बेशी कथाएँ आदि सभी से सम्बन्धित वर्ण्य विषय सम्मलित हैं।

टाम ब्रिंक (1905) का विज्ञान कथा हाइकू के सम्बन्ध में कथन है कि विज्ञान कथा हाइकू (सायफायकू) मानवीय अन्तर्दृष्टि, प्रौद्योगिकी और भविष्यदृष्टि को जापानी हाइकू की तीन पंक्तियों, 17 मात्राओं में पिरो देता है । तात्कालिकता, संक्षिप्तता, विज्ञान कथा सम्बन्धी वर्ण्य विषय तथा मानवीय अन्तर्दृष्टि इसकी विशेषताएँ हैं। इसे जटिल बिम्बविधान ग्राह्य नहीं। सबसे बड़ी चुनौती विज्ञान कथा विषयों में मानवीय अन्तर्दृष्टि की उपस्थिति का है।

प्रवृत्तियाँ

माइकेल कॉलिन्स (1988) विज्ञान कथा कविता के क्षेत्र को विविध प्रवृत्तियों से भरा मानते हैं। तीन मुख्य प्रवृत्तियाँ हैं– ***(अ) विज्ञान बनाम विज्ञान कथा कविता (ब) कथा बनाम विज्ञान कथा कविता (स) कविता बनाम विज्ञान कथा कविता।*** पहली प्रवृत्ति के महत्त्वपूर्ण हस्ताक्षर राबर्ट फ्रेजियर ने अपनी कविताओं में विज्ञान से सीधे मुठभेड़ की है। उनकी मशहूर कृतियाँ हैं– बर्निंग विद अ विजन, पर्सेप्शन बैरियर।

दूसरी प्रवृत्ति के रचनाकारों में सुसान पैल्विक, माइकेल कॉलिन्स तथा ब्रूस बोस्टन के नाम लिये जा सकते हैं। सुसान की 'नेवर्स बाइफ' विषय वस्तु में बहिर्वेशी, रूप में परम्परागत, भ्रम तथा बिम्बों के माध्यम से प्रस्तुत की गयी विवरणात्मक कविता है। माइकेल कॉलिन्स की 'दि लास्ट पैस्टोरल' नये क्षेत्र खोलती हैं, जहाँ भूत और भविष्य टकराते हैं। ब्रूस बोस्टन की 'न्यूक्लियर फ्यूचर्स' की कुछ कविताओं में भूत, भविष्य और वर्तमान – तीनों काल उपलब्ध रहते हैं।

तीसरी प्रवृत्ति में एण्ड्रयू जोरान कृत 'फोर्स फील्ड्स' की कविताएँ हैं। एण्ड्रयू जोरान ऐसे प्रसंग सृजित करते हैं, जहाँ विज्ञान, कथा तथा कविता तीनों मिलकर अपना अन्तिम प्रभाव छोड़ते हैं। फोर्स फील्ड्स की कविता–शिपरैक्ड इन डेस्टिनी फाइव – इस प्रवृत्ति की सर्वश्रेष्ठ कविता है। रूप और कथ्य को मिलाकर यह एक विशिष्ट विज्ञान कथा कविता सृजित करती है।

रचना प्रक्रिया एवं विवेचन

छिटपुट विज्ञान कथा कविताओं के बीज हिन्दी में पहले से मिलते हैं। इस सम्बन्ध में वर्ष 1996 में प्रकाशित हेमन्त द्विवेदी कृत काव्य संग्रह 'सीढ़ी दर सीढ़ी' की कविताएँ 'मरा हुआ शहर' (1985) तथा 'इसी नक्शे पर' 1990 एवं वर्ष 1997 में प्रकाशित हेमन्त द्विवेदी कृत काव्य-संग्रह 'सर्चलाइट' की कविताएँ 'वन वन एट' तथा 'आँगन में ओजोन' उल्लेखनीय हैं।

'मरा हुआ शहर' जहाँ भोपाल गैस त्रासदी की पृष्ठभूमि पर है, वहीं 'इसी नक्शे पर' में पृथ्वी के नक्शे के माध्यम से समकालीन समाज की विभिन्न गतियों को चित्रित किया गया है। 'वन-वन एट' भापचालित रेल के इंजन के माध्यम से रेलवे स्टेशन एवं समाज की गतिविधियों को सामने लाती हैं। 'आँगन और ओजोन' काव्यात्मक कथात्मकता के माध्यम से सीधे वैज्ञानिक तथ्यों से टकराती हैं।

लेकिन इनमें कोई सन्देह नहीं कि इन्हें विज्ञान कथा कविता कहना मुनासिब नहीं। वस्तुतः ये परम्परागत कविता के कथ्यों में ही एक नया कथ्य खोजने की दिशा में एक जद्दोजहद थी। लेकिन इनमें भविष्य की हिन्दी विज्ञान कथा कविता के बीज सुषुप्तावस्था में पड़े हुए थे। इन बीजों के अंकुरित होने में अभी कुछ समय लगना था। अंकुरण का यह समय आया 14-15 नवम्बर, 2009 में औरंगाबाद, महाराष्ट्र में आयोजित विज्ञान कथा लेखक संघ के अधिवशन में, जहाँ इस शोध पत्र के प्रस्तुतकर्ता द्वारा 'साइन्स फिक्शन पोयट्री ऐण्ड हिन्दी रीडरशिप' विषय पर एक प्रस्तुतीकरण किया गया। इसे भारत के प्रख्यात विज्ञान कथा लेखकों द्वारा नवीन आयाम कहकर सराहा गया।

उपरोक्त प्रस्तुतीकरण में हिन्दी विज्ञान कथा के अध्येता विश्व मोहन तिवारी की कविता 'महाविस्फोट' तथा हेमन्त द्विवेदी की कविता 'सृजन' प्रस्तुत की गयी थी। वर्ष 2009 में ही लिखी गयी किन्तु वर्ष 2010 में हिन्दी वेब पत्रिका कल्कियान में प्रकाशित हेमन्त द्विवेदी की कविता 'प्रकृति और हम' को लगभग 2000 पाठकों द्वारा ऑनलाइन पढ़ा गया। 20 लाइनों की यह कविता उक्त वेब पत्रिका पर उपलब्ध है, जिसे यहाँ प्रस्तुत किया जा रहा है।

अस्तित्व (हेमन्त द्विवेदी)

आकाशगंगा के कोने में तीव्र प्रकाश
और एक भयंकर विस्फोट
टिमटिमाती मणियाँ बिखर गयीं-

सूरज का जन्म हुआ-
कुछ समय बाद
फिर एक आकाशीय मुठभेड़ हुई
अकाश के अंधेरे में -
पृथ्वी का जन्म हुआ-

लोग कहते हैं
पृथ्वी से किसी
दानवाकृति की तकरार में-
चन्द्रमा का जन्म हुआ-

विस्फोट, मुठभेड़, तकरार
प्रकाश, अंधेरा, टिमटिम
के साथ अदृश्य आकर्षण भी
गति करता रहा-

क्या आकर्षण देता है अर्थ
विध्वंस और निर्माण को
क्या प्यार देता है अर्थ
जीवन को, मृत्यु को-

'प्रकृति की इस गति के साथ ही विज्ञान कथा कविता की यात्रा चल निकली। कई कविताएँ लिखी गयीं जिसमें आम आदमी अपनी परम्परा, विज्ञान, उसके उपकरण और प्रकृति से बारम्बार टकराता है। इस मुठभेड़ की वजह से आम आदमी की भाषा, व्यवहार, आचरण एवं सोच में भी एक स्पष्ट परिवर्तन परिलक्षित होता है। साराँश यह कि आम आदमी की दृष्टि बदल रही है। विज्ञान कथा, मिथकीय, भयावह, स्पेकुलेटिव कविता की इस यात्रा का सुखद परिणाम सामने आया। हिन्दी की पहली विज्ञान कथा काव्यकृति हेमन्त द्विवेदी कृत अग्निगर्भ प्रकाश काधीन है। इसमें संग्रहीत एक लम्बी स्पेकुलेटिव कविता 'उड़न तश्तरी' इस शोध पत्र के साथ अवलोकनार्थ संलग्नक-2 पर उपलब्ध है।

विज्ञान कथा हाइकू (सायफायकू) इस क्षेत्र में एक संक्षिप्त एवं सुन्दर प्रयोग है। हेमन्त द्विवेदी के साथ ही इस क्षेत्र में डॉ. अरविन्द दुबे द्वारा भी योगदान दिया गया है। परम्परागत जापानी हायकू में तीन पंक्तियाँ, 17 मात्राएँ होती हैं तथा

वर्ण्य विषय में प्रकृति एवं मानवीय अन्तर्दृष्टि का उपयोग होता है। इसकी तुलना में विज्ञान कथा हाइकू काफी स्वच्छन्दता हासिल कर लेता है। हेमन्त द्विवेदी एवं डॉ. अरविन्द दुबे के कुछ विज्ञान कथा हाइकू यहा प्रस्तुत किये जाते हैं।

विज्ञान कथा हाइकू (हेमन्त द्विवेदी)

क्रिकेट मैच
कभी तुम देखोगे
चाँद पर चल रहे
क्रिकेट मैच का नजारा!

साइबर संसार
छोटे से साइबर संसार में भी
संगठित रह पाना
कितना मुश्किल!

विवाह
कभी तुम देखोगे
साइबर-विवाह के पूर्व
कम्प्यूटर पर रोली छिड़कते लोग!

खतरा
ओजोन की साड़ी में
बार-बार जिस्म छिपाती
पृथ्वी

विज्ञान कथा हाइकू (डॉ. अरविन्द दुबे)

भविष्य की कोख में
विज्ञान बीज रोपता
लेखक

विज्ञान कथा
कल्पना के पंखों पर
विज्ञान

निष्पत्ति

इस तरह हम देखते हैं कि कविता के क्षेत्र में विज्ञान कथाओं के प्रयोग या विज्ञान कथाओं के क्षेत्र में कविता के प्रयोग से धीरे-धीरे काव्य की एक नयी विधा का जन्म हो रहा है। यह विधा विज्ञान कथा कविता है। केवल विज्ञान कथाओं को वर्ण्य विषय के रूप में सम्मिलित किये जाने के समर्थक शुद्धतावादियों के बरक्स अब इसमें अन्य वर्ण्य विषय जैसे मिथक, स्पेकुलेटिव, फन्तासी, भयावह कथाएँ भी सम्मिलित की जाती हैं। भाव, भाषा, बिम्ब, मीटर, बहिर्वेशन के दृष्टिगत नित नये प्रयोग किये जा रहे हैं। स्पष्टत वैज्ञानिक मनोवृत्ति के प्रसार में विज्ञान कथा काव्य एक नया अध्याय जोड़ने को तत्पर है।

सन्दर्भ

1. एबाउट साइन्स फिक्शन पोयट्री (सुजेट हैडेन एल्गिन) देखें www.sfwa.org/members/elgin/SF Poetry/.html
2. कमेण्ट्री-दि फेल्योर ऑव जानरा पोयट्री (ब्रूस बोस्टन) 2005

3. श्री एप्रोचिज राइटिंग साइन्स फिक्शन पोयट्री (माइकल कजिन्स) देखें www.starshineandshadows.com/essays/2004-03-29/.html
4. दि सायफायकू मेनिफेस्टो (टाम ब्रिंक) देखें www.scifaiku.com/.html
5. डॉ. अरविन्द दुबे (सायफायकू) देखें www.hindi.k¡lkion.com
6. प्रकृति और हम (हेमन्त द्विवेदी) देखें www.hindi.k¡lkion.com
7. सर्चलाइट (हेमन्त द्विवेदी) श्री अल्मोड़ा बुक डिपो, माल रोड अल्मोड़ा- 263601
8. सीढ़ी दर सीढ़ी (हेमन्त द्विवेदी) इतिहास शोध संस्थान, भूल भूलैया रोड, महरौली, दिल्ली-110030
9. ग्रेग बीयर (2008) साइण्टिफिक पोयट्री रिकमेण्डशन्स http/www.gregbear.com/blog/display-cfm/id3/4,,¡⁰ff
10. हेमन्त द्विवेदी (2009) विज्ञान कथा कविता, प्रोसीडिंग्स आन साइन्स फिक्शन कान्फ्रेन्स, औरंगाबाद (प्रेस में)

प्रकृति और हम (हेमन्त द्विवेदी) व्याख्या

इसमें आप देखेंगे कि कैसे भूत, भविष्य और वर्तमान आपस में जुड़े हुए हैं। यह एक सुप्रसिद्ध विज्ञान कथा है कि आकाशगंगा में तारे, ग्रह और उपग्रह विध्वंस और निर्मित होते रहते हैं, यह विध्वंस और निर्माण एक सतत प्रक्रिया है इसीलिए यह भूत, भविष्य और वर्तमान में फैली हुई है। और इसका कारण है आकाशीय पिण्डों के बीच एक अदृश्य आकर्षण। आकर्षण ही इसकी थीम है। जैसे जीवन और मृत्यु भूत, वर्तमान और भविष्य में फैले हुए हैं, इसी तरह होता है हमारा यह आकाशीय परिवार।

आप जानते हैं कि हाईस्कूल तक लगभग सभी बोर्डों में मैथ्स तथा विज्ञान विषय छात्रों के लिए अनिवार्य कर दिये गये हैं। प्रत्येक शिक्षित को हाईस्कूल की पहली सीढ़ी पार करनी ही पड़ती है। अगर वह इसे पढ़ेगा तो उसे यह आभास होगा कि जो कुछ उसने हाईस्कूल या अन्य ऊंचे दर्जे में पढ़ाता है, वह अवश्य ही कहीं-न-कहीं सत्य का भाग है। इस प्रकार कोरे वैज्ञानिक सिद्धान्त एक मजबूत वैज्ञानिक दृष्टिकोण में परिवर्तित होते हैं। इसके अलावा इसमें एक वैज्ञानिक कथा को कविता के माध्यम से कहा गया है, जिसमें आकाशीय पिण्डों में आकर्षण और मानव समुदाय के बीच प्यार को रूपक का बाना पहनाया गया। मेरे विचार से यह प्रयोग नयी पीढ़ी में एक सशक्त वैज्ञानिक दृष्टिकोण का प्रसार करने में सक्षम है।

विज्ञान कथा कविता

1.1 हिन्दी में विज्ञान कथा कविता अपने शैशवावस्था में है, लेकिन अंग्रेजी में विज्ञान कथा कविता अपनी किशोरावस्था पार कर चुकी है। इस बीच इसके रूप और विभेद को लेकर इतने विवाद हुए हैं कि उन्हें लिखने के लिए शायद हजारों पन्ने कम पड़ जायेंगें। इस लेख में हम अपने को अंग्रेजी की विज्ञान कथा कविता तक सीमित रखेंगे। क्योंकि हिन्दी विज्ञान कथा कविता अपना स्वरूप ग्रहण करने की प्रक्रिया में है। उस पर इस समय चर्चा करना अपरिपक्व होगा।

1.2 विज्ञान कथा कविता पर चर्चा करने के पूर्व यह देखना उचित होगा कि किन तत्त्वों से मिलकर एक विज्ञान कथा कविता लिखी जा सकती है। जैसा कि नाम से स्पष्ट होता है, इसे तीन शब्दखण्डों में विभाजित कर सकते हैं:- विज्ञान कथा कविता! जाहिर है कि यह एक जटिल विधा है! चूंकि विज्ञान कथा- 'विज्ञान कथा नाम से फिक्शन की एक सुपरिचित धारा सदियों से अंग्रेजी साहित्य में स्थापित है, अतः अब प्रश्न उठता है कि विज्ञान कथा कविता विज्ञान कथा का कविता स्वरूप है या कविता का ऐसा स्वरूप है जिसमें वर्ण्यविषय विज्ञान कथा से समादृत किये गये हों।

1.3 कविता निश्चित रूप से साहित्य है। कथा भी साहित्य है। विज्ञान कथा एक विशेषीकृत साहित्य है, जिसमें विज्ञान विषयों की प्रेरणा से कथा के स्वरूप का गठन किया जाता है। तो निश्चय ही विज्ञान कथा कविता साहित्य का एक भाग है तथा उसकी पृष्ठभूमि में विज्ञान कथा संचरित है तथा उसका स्वरूप कविता का है। अब ये विवाद बेमानी होगा कि विज्ञान कथा कविता में कविता प्रमुख है या विज्ञान या कथा। वस्तुतः उसमें साहित्यिकता प्रमुख होना अनिवार्य है। तीनों का सिल्क फ्यूजन ही उसे साहित्य की ओर ले जायेगा। उसके बाद ही कोई उसे विज्ञान कथा कविता कह सकता है। इस सम्बन्ध में विशद विवेचन हेतु मेरा आलेख ***'कथा** बनाम **विज्ञान कथा'*** को पढ़ना समीचीन होगा!

2.1 वर्ष 1978 ई. में अमेरिका में सुश्री सुजेट हैडेन एल्गिन ने अमेरिकी विज्ञान कथा कविता संघ की स्थापना की। इसकी पृष्ठभूमि में प्रमुख कारण था कि महान् लघु कथा, महान् उपन्यास या महान् फिल्म की भाँति महान् विज्ञान कथा कविता को उसका मुकाम हासिल नहीं था। कह सकते हैं कि जैसे आरम्भिक दिनों में ईसाइयों के बहुमत रोमन कैथलिक के सामने मुट्ठी-भर प्रोटेस्टेण्ट आये, वैसे ही साहित्य के क्षेत्र में विज्ञान कथा कविता उठ खड़ी हुई। लेकिन सुश्री एल्गिन जोर देकर कहती हैं कि विज्ञान कथा कविता में साहित्यिक मूल्यों हेतु परिश्रम की दरकार है। इस तरह वे विज्ञान कथा कविता को पारिभाषित करते हुए कहती हैं कि इस कविता के दो तत्त्व हैं:– विज्ञान और कथा यानी नैरशन। बिना इनके कोई कविता नहीं हो सकती।

2.2 ग्रेग बीयर इस प्रश्न को दूसरे छोर से पकड़ते हैं कि वैज्ञानिक विषयों पर कविताएँ विज्ञान कविता की श्रेणी में होना चाहिए तथा काव्यात्मक कथात्मकता के अंश के रूप में - वैज्ञानिक थीम्स को काल्पनिक प्रंसगों में प्रयुक्त करनेवाले काव्य को विज्ञान कथा कविता की श्रेणी में रखा जाना चाहिए। किन्तु अन्य विधाओं की भाँति इसकी भी स्पष्ट सीमाएँ नहीं खींची जा सकतीं।

2.3 विज्ञान कथा कविता को लेकर एक विवाद इस बिन्दु पर भी रहा कि विज्ञान कथा कविता के केन्द्र बिन्दु में केवल विज्ञान की प्रेरणा से संचालित कथाएँ हों या विज्ञान कथा के साथ फन्तासी, हॉरर कथाएँ भी सम्मिलित की जायें! यह बिन्दु शुद्ध विज्ञान कथा कविता को उसकी शुद्धता से विचलित करने जैसा माना गया। मगर आज ये बिन्दु विवाद का विषय नहीं रहा। आज विज्ञान कथा कविता में विज्ञान कथा के अतिरिक्त फन्तासी, तथा हॉरर कथाएँ आदि सभी से सम्बन्धित वर्ण्य विषय सम्मिलित हैं।

3.1 विज्ञान कथा विज्ञान के एक पुरोधा ब्रूस बोस्टन अपनी कमेण्ट्री Failure of genre poetry में लिखते हैं कि मुख्यधारा कविताओं से पाठक के जीवन का तादात्म्य हो जाता है। विज्ञान कथा कविताओं का उद्गम विज्ञान कथा फन्तासी या भयावह कथा से होता है तथा इनका अनुभव के बजाय कल्पना से अधिक नाता है। यद्यपि विज्ञान कथा कविता के इतिहास पर मतभेद है। कुछ इसे होमर, ब्लैक, मिल्टन, एडगर एलन पो, लवक्राफ्ट, क्लार्क एश्टन स्मिथ, लिलिथ लोरेन, वर्ष 1960-70 ई. के न्यू वेव आन्दोलन से आज तक लेते हैं। फिर भी ई. 1978 में स्थापित अमेरिकी विज्ञान कथा कविता संघ ने तीन दशकों के इसके इतिहास को सहेजकर कवियों का एक समुदाय (Community) विकसित किया है। विश्वास करें कि विज्ञान कथा कविता को रोबोट कवि या पिशाच प्रेमिका की दरकार नहीं।

अलंकारिक वास्तविकता जैसा कुछ है तथा विज्ञान कथा कविता अलंकारिक वास्तविकता के तत्त्वों - चरित्र, घटनाएँ तथा कार्य - को नहीं सहेजती। साल्मन्सन का निष्कर्ष है कि फैण्टैस्टिक कविता का विचार एक समुदाय का तरीका है, जो लेखकों के मध्य अस्मिता का भाव देता है किन्तु आखिरकार यह सामुदायिक टैग के अतिरिक्त बेमानी है और जिसके अन्तर्गत काफी अच्छी कविताएँ लिखी जा रही हैं।

5.1 स्पेकुलेटिव कविता मैगजीन में एण्ड्रयू जोरान ने विज्ञान कथा कविता के सम्बन्ध में महत्त्वपूर्ण प्रेक्षण किये, जिसमें तोदोरोव व साल्मन्सन के मौलिक विचारों को खारिज करते हुए स्पष्ट किया गया कि विज्ञान कथा कविता का अस्तित्व है, मगर इसके उद्देश्य और कार्यकलाप में समुदाय का भाव प्रमुख है। आज विज्ञान कथा कविता पाठक समुदाय से आगे जाकर अधिगम समुदाय (Learning community) बन गयी है। पिछले वर्षों में एक परम्परा की खोज करने, ऐसी कविता को सुदृढ़ करने तथा परिभाषित करने में कामयाबी मिली जो पहले लगभग अस्तित्व में नहीं थी।

5.2 स्टार लाइन के अंक में राबर्ट फ्रेजियर जोरान के दावे को आगे बढ़ाते हुए कहते हैं:– ...परम्परा की खोज में आगे जाकर हमने और अधिक क्षेत्रों में कार्य किया। और ऐसा हमने लेखन शैली से नहीं लेखन रूप के साथ किया। इस प्रकार एण्ड्रयू जोरान, राबर्ट फ्रेजियर, ब्रूस बोस्टन, एलिसा, मैल्कोह्न, डेविड लुण्डे, सुसान पालविक, रोजर डचर तथा माइकल कोलिन्स आदि कवियों ने फन्तासी कविता या विज्ञान कविता के विपरीत विज्ञान कथा कविता या दूसरे शब्दों में विशिष्ट रूप तथा शैली की कविता विकसित की।

6.1 ढेरों विज्ञान कथा कविताएँ लिखी गयीं, लिखी जा रही हैं, जो छोटे या बड़े प्रकाशकों की सहायता के बिना हम तक पहुंचना सम्भव नहीं था। लेखकों की रुचि और पृष्ठभूमि के दृष्टिगत विधितापूर्ण लेखन हो रहा है। लेखन में कई दृष्टियाँ हैं:– फैण्टैस्टिक कविता, विज्ञान कथा कविता, स्पेकुलेटिव कविता, बहिर्वेशी (extra polative) कविता, विज्ञानोन्मुखी कविता आदि।

6.2 यह विविध प्रवृत्ति उन्मुख क्षेत्र है जहाँ विज्ञान, कथा तथा कविता के विविध सम्पर्क हैं। कुछ मानव समुदाय पर विज्ञान तथा वैज्ञानिक विकास को विस्तार देते हैं। कुछ रूप (form) के संशोधन तथा रूपान्तरण का शोध (जैसे परम्परा को बहिर्वेशन से योग कर दिया हो) तथा कुछ बहिर्वेशी वस्तुओं का सन्धान। विभिन्न स्तर के कवियों का योगदान है। विज्ञान कथा लेखकों ने भी इस कविता को अंगीकृत किया। अम्ब्रल ऐन्थोलोजी तथा बर्निंग विद अ विजन में ब्रायन एल्डिस, मार्गरेट एटवुड, ग्रेगोरी बेनफोर्ड, माइकेल विशप, रे ब्रेडबरी, थामस डिच, फिलिप जाश, फार्मर जो हेल्डमैन, उर्सला लेगुईन, नैन्सी सिंप्रगर, डी. एम.

थामस, जीन वोल्फ, जेन पोलेन, रोजर जेलाज्नी तथा अन्य लेखकों की कविताएँ शामिल हैं। मुख्यधारा के कवि टेड ह्यूज, जैक एण्डरसन, विलियम स्टेफर्ड, आर्चवालड मैकलीश की कविताएँ भी इस संग्रह में संगृहीत हैं। यहाँ केवल उन कवियों का उल्लेख है जिन्होंने अधिगम समुदाय (Learning community) में दिशा की खोज तथा विज्ञान तथा कविता को विशिष्ट मानते हुए परिभाषित करने का यत्न किया।

7.1 विज्ञान एवं विज्ञान कथा कविता

राबर्ट फ्रेजियर ने विज्ञान कथा के कवि समुदाय के लिए विज्ञान कथा कविता में निहित विज्ञान से सीधे मुठभेड़ की है। जैसा कि फ्रेजियर कृत बर्निंग विद अ विजन से स्पष्ट है। 'वर्ड्स ऑफ म्यूटेण्ट रेन फारेस्ट' तथा 'इनकैश्ड इन दि एम्बर ऑफ प्रोबेबिलिटिज' जो इसाक असीमोव की विज्ञान कथा पत्रिका के मार्च, 1987 अंक में प्रकाशित हुई, फ्रेजियर ने विज्ञान कथा कविता के बिम्ब विधान तथा थीमों की खोज की है। 'परसेप्शन बैरियर' की कविताएँ 'जोहान्स केपलर ऐण्ड हिज कास्मिक मिस्ट्री तथा ट्विन स्टार्स : न्यूटन एण्ड हैली' में उन्होंने विज्ञान कथा कविता में एक नया आयाम जोड़ा यानी विज्ञान तथा विश्व पर पड़ने वाले उसके प्रभावों पर चिन्ता। 'परसेप्शन बैरियर' की कविताएँ अपनी सीमाओं और सम्भावनाओं के प्रति भी सतर्क हैं तथा ये उन सतहों को स्पर्श करती हैं, जहाँ विज्ञान तथा मानवता का सम्पर्क होता है, ताकि मानव होने का अर्थ पता चल सके।

7.2 कथा तथा विज्ञान कथा कविता

तादोरोव तथा साल्मन्सन के उत्तर में जैसे अनेक समकालीन विज्ञान कथा कवियों ने वैज्ञानिक बहिवेशन का न केवल प्रयास किया बल्कि विवरणात्मक तथा कथात्मक तकनीकों का कविता में प्रयोग किया। इस धारा की श्रेष्ठ कविताओं में से एक सुसान पालविक की "दि नेवर्स वाइफ' है, जिसे लघु कविता वर्ग में रिजलिंग पुरस्कार मिला। विषय-वस्तु में बहिर्वेशीय, रूप में परम्परागत, भ्रम तथा बिम्बों के माध्यम से विवरणात्मक। रूप, संरचना तुकान्तता तथा मीटर ने इसके इतिवृत्तात्मक प्रभाव को धार देकर इसे श्रेष्ठ विज्ञान कथा कविता में बदल दिया।

'दि नेवर्स वाइफ' की भाँति कोलिंग्स की 'दि लास्ट पैस्टोरल' भी वे नये क्षेत्र खोलती हैं जहाँ भूत और भविष्य के बीच मुठभेड़ होती है। जो स्पष्टतः रेनेसा लव पोयट्री (पुनर्जागरण कालीन प्रेम कविताएँ) की लयात्मक चतुष्पदी पर आधारित है बूस बोस्टन की पुस्तक 'न्यूक्लियर फ्यूचर्स' की कविता 'द इवोलयूशन ऑफ डेथ म्युरल्स' इस तकनीक को आगे ले जाती है, इत्तिवृत को बोध के स्तर तक संक्षिप्त करती है तथा ऐसे बिम्बों का निर्माण करती है जिसमें भूत, भविष्य और वर्तमान काल तीनों समय उपलब्ध रहते हैं। बिम्ब इत्तिवृत को उद्देश्य पूरा करते हैं एवं

2.1 वर्ष 1978 ई. में अमेरिका में सुश्री सुजेट हैडेन एल्गिन ने अमेरिकी विज्ञान कथा कविता संघ की स्थापना की। इसकी पृष्ठभूमि में प्रमुख कारण था कि महान् लघु कथा, महान् उपन्यास या महान् फिल्म की भाँति महान् विज्ञान कथा कविता को उसका मुकाम हासिल नहीं था। कह सकते हैं कि जैसे आरम्भिक दिनों में ईसाइयों के बहुमत रोमन कैथलिक के सामने मुट्ठी-भर प्रोटेस्टेण्ट आये, वैसे ही साहित्य के क्षेत्र में विज्ञान कथा कविता उठ खड़ी हुई। लेकिन सुश्री एल्गिन जोर देकर कहती हैं कि विज्ञान कथा कविता में साहित्यिक मूल्यों हेतु परिश्रम की दरकार है। इस तरह वे विज्ञान कथा कविता को पारिभाषित करते हुए कहती हैं कि इस कविता के दो तत्त्व हैं:– विज्ञान और कथा यानी नैरशन। बिना इनके कोई कविता नहीं हो सकती।

2.2 ग्रेग बीयर इस प्रश्न को दूसरे छोर से पकड़ते हैं कि वैज्ञानिक विषयों पर कविताएँ विज्ञान कविता की श्रेणी में होना चाहिए तथा काव्यात्मक कथात्मकता के अंश के रूप में - वैज्ञानिक थीम्स को काल्पनिक प्रंसगों में प्रयुक्त करनेवाले काव्य को विज्ञान कथा कविता की श्रेणी में रखा जाना चाहिए। किन्तु अन्य विधाओं की भाँति इसकी भी स्पष्ट सीमाएँ नहीं खींची जा सकतीं।

2.3 विज्ञान कथा कविता को लेकर एक विवाद इस बिन्दु पर भी रहा कि विज्ञान कथा कविता के केन्द्र बिन्दु में केवल विज्ञान की प्रेरणा से संचालित कथाएँ हों या विज्ञान कथा के साथ फन्तासी, हॉरर कथाएँ भी सम्मिलित की जायें! यह बिन्दु शुद्ध विज्ञान कथा कविता को उसकी शुद्धता से विचलित करने जैसा माना गया। मगर आज ये बिन्दु विवाद का विषय नहीं रहा। आज विज्ञान कथा कविता में विज्ञान कथा के अतिरिक्त फन्तासी, तथा हॉरर कथाएँ आदि सभी से सम्बन्धित वर्ण्य विषय सम्मिलित हैं।

3.1 विज्ञान कथा विज्ञान के एक पुरोधा ब्रूस बोस्टन अपनी कमेण्ट्री Failure of genre poetry में लिखते हैं कि मुख्यधारा कविताओं से पाठक के जीवन का तादात्म्य हो जाता है। विज्ञान कथा कविताओं का उद्गम विज्ञान कथा फन्तासी या भयावह कथा से होता है तथा इनका अनुभव के बजाय कल्पना से अधिक नाता है। यद्यपि विज्ञान कथा कविता के इतिहास पर मतभेद है। कुछ इसे होमर, ब्लैक, मिल्टन, एडगर एलन पो, लवक्राफ्ट, क्लार्क एश्टन स्मिथ, लिलिथ लोरेन, वर्ष 1960-70 ई. के न्यू वेव आन्दोलन से आज तक लेते हैं। फिर भी ई. 1978 में स्थापित अमेरिकी विज्ञान कथा कविता संघ ने तीन दशकों के इसके इतिहास को सहेजकर कवियों का एक समुदाय (Community) विकसित किया है। विश्वास करें कि विज्ञान कथा कविता को रोबोट कवि या पिशाच प्रेमिका की दरकार नहीं।

3.2 विज्ञान कथा कविता को अपने इतिहास की पहचान और बीसवीं सदी के साहित्य कला की पकड़ जरूरी है। विज्ञान कथा के प्रभाव तथा शुद्ध कल्पना को वर्ण्य विषय बनाये बिना इसके द्वारा आधुनिक गैर विज्ञान कथा कविता के प्रभाव को ग्रहण किये जाने की जरूरत है। उसे वर्ण्य विषय से नहीं बल्कि भाषा, रूप कला से क्या सम्प्रेषित करना है, इसके लिए अध्ययन की जरूरत है। विज्ञान कथा कविता लेखन हेतु मुख्यधारा कविता के अहम्-केन्द्रित स्वभाव को छोड़कर उस प्रसंग का ज्ञानार्जन जरूरी है, जिस पर लिखा जा रहा है। प्रतिबद्ध पाठक वर्ग तथा महत्त्वाकाँक्षी, जटिल तथा मौलिक सर्जना के लिए छोटे पुस्तक विक्रेताओं के बिना विज्ञान कथा किशोरावस्था में ही बनी रहेगी।

4.1 माइकल कॉलिंग्स विज्ञान कथा कविता के तीन तरीकों में गहराई से उतरते हैं। वे स्टीव रेसनिक टेम के कथनों से अपनी बात शुरू करते हैं। स्टीव रेसनिक टेम के अनुसार विज्ञान कथा की तरह विज्ञान कथा कविता भी अपने लम्बे और विशिष्ट इतिहास को लेकर चिन्तित रही हैं। जैसे भारत में हर वस्तु का उत्स वैदिक ऋचाओं में खोजने की प्रवृत्ति है, ठीक वैसे ही विभिन्न आलोचक एवं कवि भी विज्ञान कथा कविता को होमरकृत ओडिसी, ब्लैक कृत फोर जोआस तक में ढूंढ़ते हैं। अम्ब्रल एन्थोलोजी आफ साइन्स फिक्शन पोयट्री में टेम ऐसे दावों को खारिज करते हुए 'जाने पहचाने विज्ञान कथा विषयों' से सम्बन्धित कविताओं को प्राथमिकता पर रखते हैं। इस प्रकार अप्रत्यक्ष रूप से टेम विज्ञान कथा कविता के अस्तित्व को स्वीकारते हैं।

4.2 बरखिलाफ इसके ऐसे लोग भी हैं जो न केवल विज्ञान कथा कविता के स्वतन्त्र रूप के विरोधी हैं, बल्कि सामान्य रूप से अनिश्चयवादी (Speculative) कविता के ही विरोधी हैं संरचनात्मक आधारों पर केंन्द्रित अपनी पुस्तक The Fantastic: A Structural Approach to a Literary Genre, में अनिश्चयवादी साहित्य के मशहूर सिद्धान्तकार तोदोराव कथात्मक तकनीकों पर जोर देते हैं, जो अनिश्चयवादी साहित्य का सृजन सम्भव करती हैं। कविता 'प्रवचन की मूल प्रकृति' के कारण कथा खुद को पृथक् करती है, कविता वर्णनात्मकता की ओर नहीं जाती बल्कि एक आलंकारिक व्याख्या का साहित्य है, न कि उसका शाब्दिक निरूपण। शुद्ध अर्थवान् शब्द समूह में फैण्टैस्टिक खोजना उचित नहीं। क्योंकि फैण्टैस्टिक में घटनाओं की वैसी प्रतिक्रिया होती है, जैसी कि वे विश्व में घटित होती हैं। इस प्रकार कविता फैण्टैस्टिक नहीं हो सकती।

4.3 अपने संक्षिप्त लेख 'फैण्टेस्टिक में कविता का अनस्तित्व' में जेसिका साल्मन्सन तोदोरोव के तर्कों को आगे बढ़ाते हुए कहती हैं कि फैण्टैस्टिक

कथा स्पेकुलेटिव तथा बहिर्वेशीय दोनों ही है। भाषा तथा वाचिक संरचना समकालीन गद्य की तरह एवं आन्तरिक लय प्रारूप के अनुरुप है।

उपरोक्त कविता के कुछ अंश निश्चित ही विगत की ओर देखते हैं तथा कुछ तत्त्व बहिर्वेशीय या स्पेकुलेटिव हैं। विज्ञान तथा विज्ञान कथा दोनों उपलब्ध हैं एवं गम्भीर इतिवृत्तात्मक तत्त्वों से निर्मित हुई हैं। इन कविताओं में परम्परा से प्राप्त विगत साहित्यकार रूपों को भावी मानवती की आवश्यकताओं एवं चिन्ताओं से जोड़ा गया है तथा यह भी कि मानवता को अपने क्रियाकलापों के क्या परिणाम भोगने होंगे।

7.3 कविता तथा विज्ञान कथा कविता

विज्ञान कथा कविता की तीसरी प्रवृत्ति परम्परागत रूप (Form) भाषा एवं कथ्य से पृथक् विज्ञान तथा कविता की विशिष्टता पर जोर देनेवाला, कवियों के समुदाय की प्रवृत्ति हैं इसके कवि विज्ञान कथा कविता के आयामों पर शोध करते हुए विज्ञान कथा के Vision की विशिष्टता पर तथा उसे सम्प्रेषित करनेवाली भाषा पर खुद को केन्द्रित करते हैं। वर्ष 1986 में लिखित एण्ड्रयू जोरान कृत फोर्स फील्ड्स की कविता 'शिपरैक्ड इन डेस्टिनी फाइव' जोरान तथा विज्ञान कथा कविता की इस प्रवृत्ति का सर्वश्रेष्ठ कार्य है। सतत लयात्मक प्रारूप, परम्परागत मीटर (Meter) एवं अकविता शैली में लिखी गयी यह कविता अपनी संरचनात्मक पठनीयता, बिम्ब विधान में पृथक्ता, कुण्ठा तथा कवि की हताशा से मनोरंजन करती है। ये रूप तथा कथ्य को मिलाकर एक विशिष्ट विज्ञान कथा कविता का सृजन करती है। फोर्स फील्ड्स की अन्य कविताएँ इस प्रक्रिया को आगे बढ़ाती हैं। उनका कार्य ऐसे प्रसंगों को सृजित करता है, जिसमें विज्ञान कथा कविता तीनों एक साथ मिलकर अन्तिम प्रभाव देती हैं।

उपर्युक्त तीनों प्रवृत्तियों को निश्चय ही किसी सीमा-रेखा में नहीं रखा जा सकता। यह तीनों प्रवृत्तियाँ परस्पर एक-दूसरे से सम्पृक्त हैं तथा ये विज्ञान तथा कविता की सम्पूर्णता का घोतक नहीं हैं। इतना जरूर है कि इन्होंने लेखकों के एक विशिष्ट समुदाय को निर्मित करने के प्रयास में अपनी ऊर्जा का इस्तेमाल किया है। तीन भिन्न प्रवृत्तियाँ होते हुए भी इन्होंने एकल लक्ष्य के लिए कार्य किया है तथा विज्ञान कथा कविता की एक विशिष्ट पहचान बनाने में इसका योगदान भुलाया नहीं जा सकता।

8.1 निष्कर्ष में यह कहा जा सकता है कि मुख्यधारा कविता उस वास्तवकिता का शोध करती है जबकि अनिश्चयवादी (Speculative) कविता के सरोकार कल्पना की दुनियाँ से हैं कि विश्व कैसा हो सकता है। इस तरह यह

कविता कथा के निकट है। यदि इसमें कवि उपस्थित है तो वह एक कथात्मक चरित्र के रूप में। इसका प्रमुख तत्त्व इसकी जिज्ञासा है। "यदि ऐसा होता तो क्या होता?" भाषा, काव्य रूप या कथ्य के साथ नये प्रयोग करनेवाली कविता को भी अनिश्चयवादी कविता के अन्तर्गत रखा जाना चाहिए।

8.2 कोई विधा इस बात से अधिक जानी जाती है कि उसकी दृष्टि क्या है, उसका फोकस कहाँ है, वनिस्पत उसके रूप से। विज्ञान कथा कविता की श्रेणी में आज विज्ञान कथा के अतिरिक्त फन्तासी, अनिश्चयवादी, भयावह कथा से सम्बन्धित कविताएँ भी ली जाती हैं। इनकी दृष्टि इनके जिज्ञासु होने में है। काव्य तथा कथा में कई स्तरों पर समानताएँ तथा भिन्नताएँ होती हैं, किन्तु दोनों ही साहित्य के अभिन्न अंग हैं। दोनों के मणिकाँचन योग से काफी अच्छी कविताएँ लिखी जा रही हैं। ('यद्यपि रद्दी कविताओं की कमी नहीं है) बत्तख का बच्चा पैदा होते ही तैर सकता है, मगर कोई साहित्यकार कलम पकड़ते ही परिपक्व लेखन नहीं कर सकता। विज्ञान तथा कविता में कथ्य, रूप, भाषा, बिम्ब विधान के साथ नये प्रयोग किये जाने की अपरिमित सम्भावना है। मुख्य बात है कि परिश्रम की दरकार। बिना श्रम किये सिद्धहस्त होना असम्भव है।

8.3 मेरी विज्ञान कथा कविता समबन्धी दृष्टि नितान्त पृथक् है। मेरे विचार से हर व्यक्ति जन्मतः कवि, लेखक तथा संगीतकार आदि होता है। वातावरण एवं परिस्थितियों के साथ सतत संघर्ष के दौरान ये कलाएँ किसी में विकास पाती हैं, किसी में नहीं। कौन बच्चा स्कूली कविता नहीं गुनगुनाता या उसे रोमाण्टिक किस्से कहानियों में रुचि नहीं या नाच गाना देखकर सड़क पर थमकर खड़ा नहीं हो जाता। जीवन के अन्य क्षेत्रों (विशेष रूप से साहित्यक, वैज्ञानिक, तकनीक प्रौद्योगिकी के क्षेत्र में) में कार्य करते समय इनकी ये जिज्ञासाएँ अवचेतन में पड़ी रहती हैं और कभी-कभी मौका पाकर बाहर भी आ जाती हैं। किन्तु यह अवसर सभी लोगों को नहीं मिलता। इस समुदाय में वे लोग और सम्मिलित हो जाते हैं जिनकी रुचि जीवन के थपेड़ों से सूख नहीं गयी। साहित्यिक जगत् भी जो इस ओर उन्मुख होता है, वह भी इसमें सम्मिलित हो जाता है। यह समुदाय विज्ञान कथा कविता का आधार है, जिसकी चर्चा ऊपर की गयी है। यह समुदाय ही अधिगम समुदाय है। अधिगम प्रक्रिया का आधार परिश्रम है, वस्तुतः विज्ञान कथा कविता साहित्य में प्रयोग के मध्यम से सँघर्ष का प्रतीक है। जिज्ञासा के शमन हेतु यह प्रयोग करती है तथा कथा-कविता के मध्य समानता से लाभ लेकर एवं उनकी विभिन्नताओं के संघर्ष से जीवन दृष्टि अर्जित करती है।

8.4 में ब्रूस बोस्टन की एक कविता को उद्धृत करते हुए अपनी बात को विराम दूँगा।
यह एक नयी दृष्टि से गुरुत्वाकर्षण सिद्धान्त की व्याख्या करती है:-

If gravity were like weather
fickle, girdling the peanet in
waves and pockets There would
be days on which we could not move
We would lie helpless strapped
to the slowly turning earth
For hours at a time we would consider
the nature of such existence
its underpinnings, its weights.

9- पठनीय पुस्तकें-

Bruce Boston : All the clocks are melting. Brekeley, C A : Velocities Chapbook series. 1984.

Bruce Boston : Neclear Futures, Berkeley, CA : Veloci ties 1987.

Collins, Michael R Apocalypse, : Naked to the Sun; Dark Visions of Mercer Islan, W.A.; Starmonth House, 1985.

Elgin, Suzette Haden : Reviews of all the clocks are melting, Star*Line 9 *March/April 1985) 12-13

Frazier, Robert, : ed. Burning with a Vision; Poetry of Science and Fantastic, Philadelphia; Owlswick Press, 1984.

Frazier Robert, : Perception Barriers, Berkeley, CA : Barkeley Poets workshop and press, 1987.

Joron Andrew : Shipwrecked on Destiny five, Lsaac Asimov's Science Fiction Magazine, May, 1985.

Joron Andrew : Forec Fields, Mercer Island, W.A.; Starmont House, 1985.

Palwick Susan : The Neighbor's Wife isaac Asimov's Science Fiction Magazine, May, 1985

Salneonson : The Non-Existence of Poetry of Fantastic;Commentary on a Theory, Star*Line 9 (January/February 1985), 6-7.

Tem, Steve Rasnic, : ed. The Umbral Anthology of Science Fiction Poetry, Denver C.O.; Umbral Press. 1982.

Todorov, Tzvetan : A Structural Approach to a Literary Genre, 1970, Trans : Richard Howard Ithaca NY; Cornell University The Fantastic Press 1975.